Name: ....

....

UNLOCKING ARABIC

TRACING ARABIC QURAN
CHAPTERS 12-14

SERIES
UNLOCKING ARABIC: A SIMPLE PATH TO MASTERY

CHILDREN & ADULTS

ENGLISH EDITION

© 2025 Canada Universal School

Design and revision for accuracy by: Taoufik El Goussi, BBA, MBA, CPA, CGA

Table of Contents

Part 1

About This Series:
Unlock Arabic: A Simple Path to Mastery

This series is designed primarily for learners who are beginning their journey in Arabic as a second language. "Unlock Arabic" will help you uncover the secrets of the Arabic language through a step-by-step approach that takes you from foundational skills to advanced proficiency. Whether you're just starting or looking to refine your abilities, this series equips you with the tools and confidence to master the language.

The series is organized into four key blocks of workbooks:
Block 1: Tracing the Arabic Alphabet and Words
Block 2: Tracing the Arabic Quran Chapters
Block 3: Arabic Grammar
Block 4: Reading Comprehension

Whether you're Muslim or non-Muslim, learning Arabic opens up incredible opportunities and brings invaluable richness to your life. As one of the Semitic languages, Arabic is one of the world's most widespread languages. It is also one of the six official languages of the United Nations and serves as the liturgical language of nearly a quarter of the planet's population.

About This Activity Book

This activity book is part of **Block 2** of the Unlock Arabic series, focusing on tracing Quranic text. It is designed to help you master Arabic handwriting while also enhancing your memorization, grammar, and vocabulary.

Whether you're a child or an adult with a basic understanding of Arabic pronunciation and writing, this book is perfect for you! **If you're a complete beginner**, it's recommended to start with the **Block 1** workbooks.

As you trace the letters and words, be sure to pronounce them aloud. You'll notice significant improvement in your handwriting, grammar, and vocabulary. Dive in and watch your Arabic skills grow regardless of your age!

Why Tracing Matters?

Researches have shown that handwriting can enhance memory and understanding, helping to imprint information in the brain more effectively than typing on a computer. Handwriting also improves fine motor skills, letter recognition, spelling, grammar, memory, comprehension, creativity, and attention to detail, while strengthening the muscles in the fingers and hand.

Since most Arabic language rules are derived from the Quran, tracing Quranic text not only helps improve handwriting but also effortlessly enhances grammar and vocabulary, often subconsciously!

Letters of the Arabic Alphabet

- The following are the **28** letters of the Arabic alphabet.

1	Alif (ا)	8	Dal (د)	15	Dhad (ض)	22	Kaf (ك)
2	Ba (ب)	9	Thal (ذ)	16	Taa (ط)	23	Lam (ل)
3	Ta (ت)	10	Ra (ر)	17	Dhaa (ظ)	24	Meem (م)
4	Tha (ث)	11	Zay (ز)	18	Ayn (ع)	25	Noon (ن)
5	Jeem (ج)	12	Seen (س)	19	Ghayn (غ)	26	Ha (ه)
6	Hha (ح)	13	Sheen (ش)	20	Fa (ف)	27	Waw (و)
7	Kha (خ)	14	Sad (ص)	21	Qaf (ق)	28	Ya (ي)

- Some scholars consider a **29**th letter, called **Hamza (ء)**, while others regard it as a variant of Alif or give it a special status.

- All Arabic letters are **consonants.** However, Arabic has a separate **system of vowels** (called Shakal), which will be briefly introduced after the warm-up section, where you will trace just the basic forms of the Arabic letters without Shakal.

Important Facts

- Arabic is written and read from **right** to **left**.

- Arabic letters do not have **uppercase** or **lowercase** forms. Each letter has a single form, though it may change slightly depending on whether it appears at the **beginning**, **middle**, or **end** of a word.

- In most words, the letters are **joined together**, similar to handwriting in English. However, some letters, such as **Alif**, cannot be joined due to practical reasons, as their attachment could cause confusion with other letters.

- There are no distinct **printing** and **handwriting** forms in Arabic, as there are in English. In fact, you can consider Arabic to be entirely in **handwritten form**, since most letters in a word are connected.

Warm-Up: Tracing the Arabic Alphabet

Do not trace randomly. **Follow the guidelines** from **right to left** to develop a better habit of good and quick handwriting.

ا أ ب ت ث ج ح خ

د ذ ر ز س ش ص

ض ط ظ ع غ ف

ق ك ل م ن ه و

ي ى ئ

Trace the Letter: Alif

Do not trace randomly. Follow the guidelines from right to left to develop a better habit of good and quick handwriting.

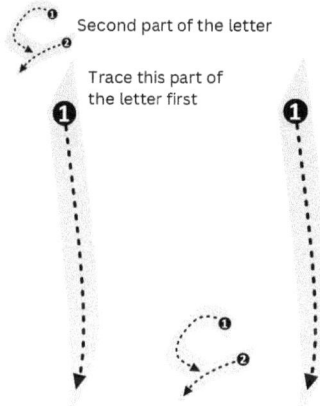

Second part of the letter

Trace this part of the letter first

Trace the Letter: Alif

(a variant)

Do not trace randomly. Follow the guidelines from right to left to develop a better habit of good and quick handwriting.

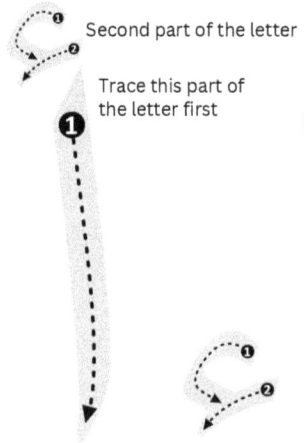

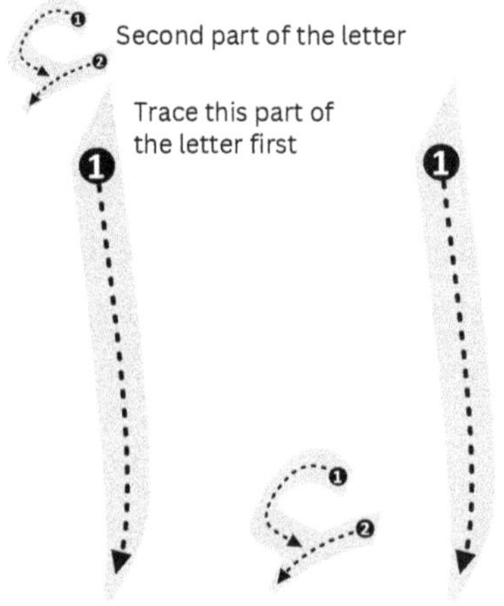

Second part of the letter

Trace this part of the letter first

Trace the Letter: Alif

(a variant)

Do not trace randomly. Follow the guidelines from right to left to develop a better habit of good and quick handwriting.

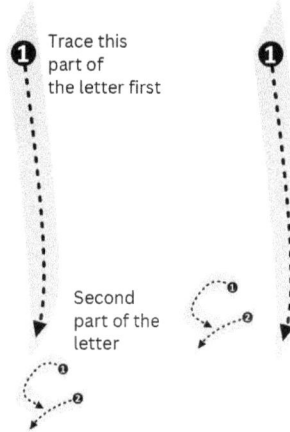

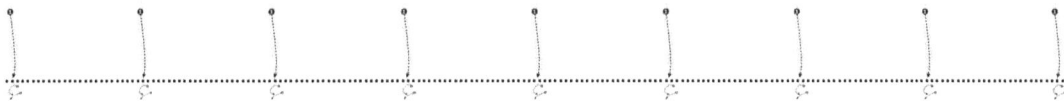

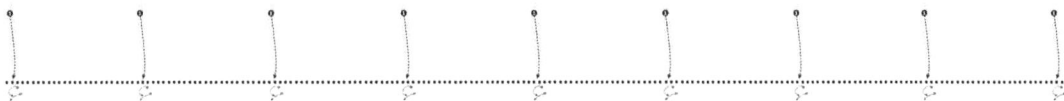

1 Trace this part of the letter first

Second part of the letter

1

❶❷

❶❷

Trace the Letter: Alif

(a variant)

Do not trace randomly. Follow the guidelines from right to left to develop a better habit of good and quick handwriting.

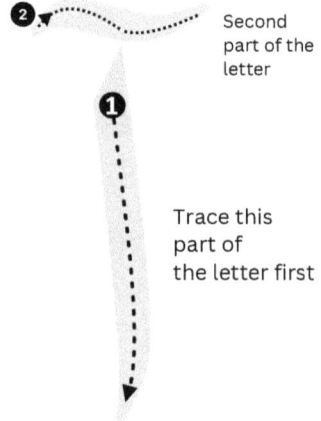

2
Second part of the letter
1
Trace this part of the letter first

Trace the Letter: Alif

(a variant)

Do not trace randomly. Follow the guidelines from right to left to develop a better habit of good and quick handwriting.

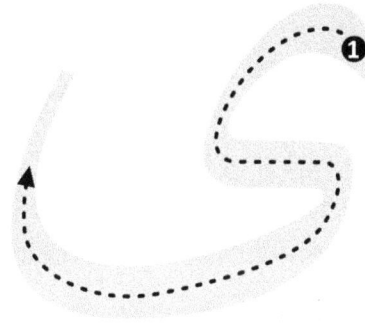

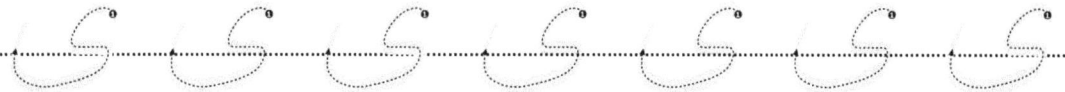

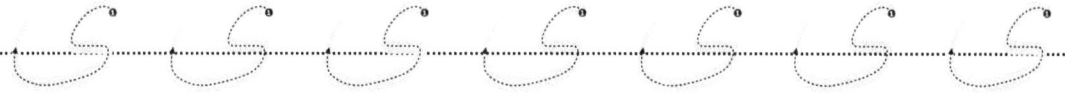

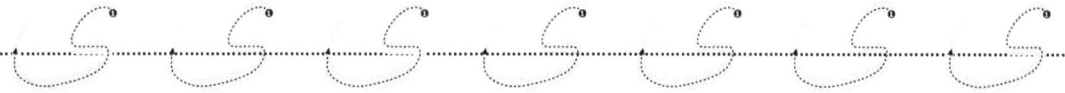

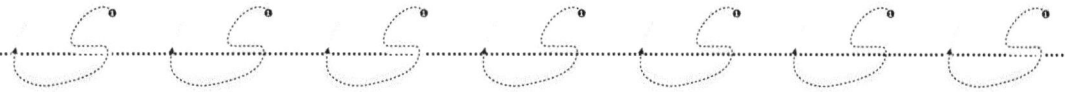

Trace the Letter: Hamza

Do not trace randomly. Follow the guidelines from right to left to develop a better habit of good and quick handwriting.

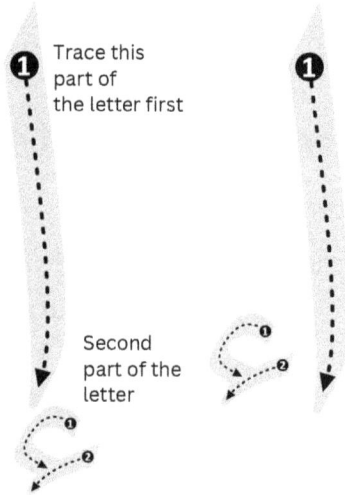

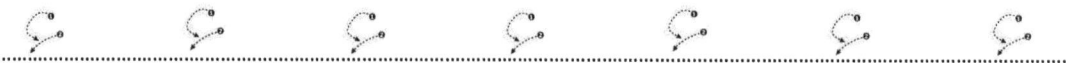

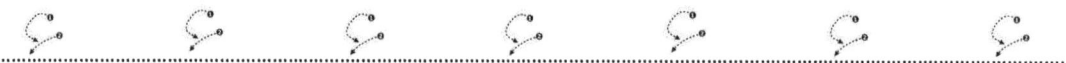

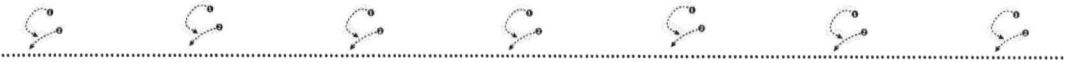

Trace this part of the letter first

Second part of the letter

Trace the Letter: Hamza

(a variant)

Do not trace randomly. Follow the guidelines from right to left to develop a better habit of good and quick handwriting.

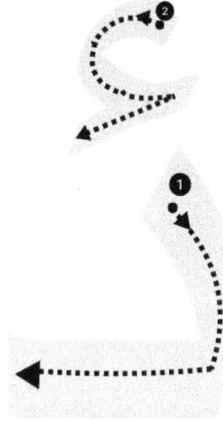

Trace the Letter: Hamza

(a variant)

Do not trace randomly. Follow the guidelines from right to left to develop a better habit of good and quick handwriting.

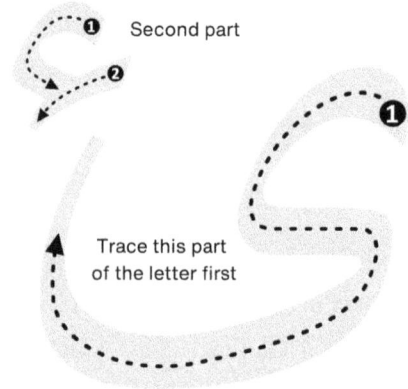

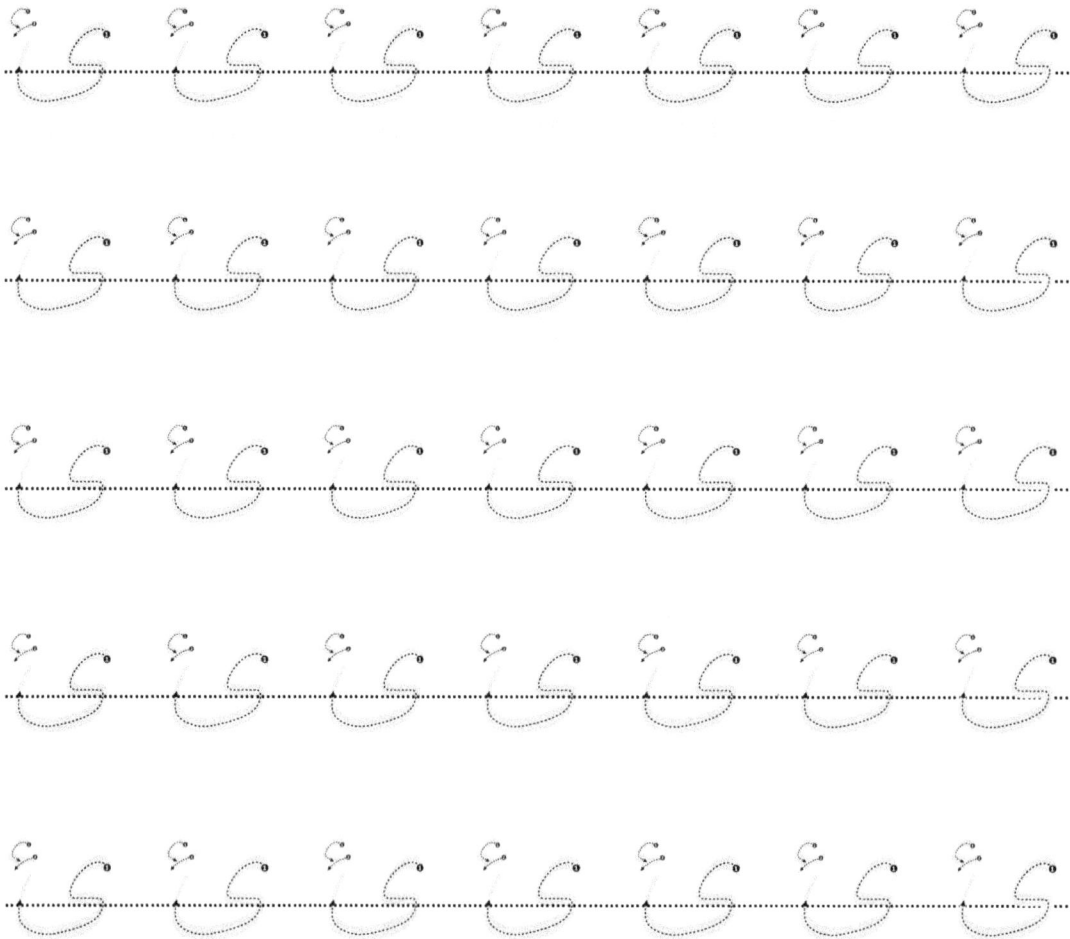

Second part

Trace this part of the letter first

Trace the Letter: Hamza

(a variant)

Do not trace randomly. Follow the guidelines from right to left to develop a better habit of good and quick handwriting.

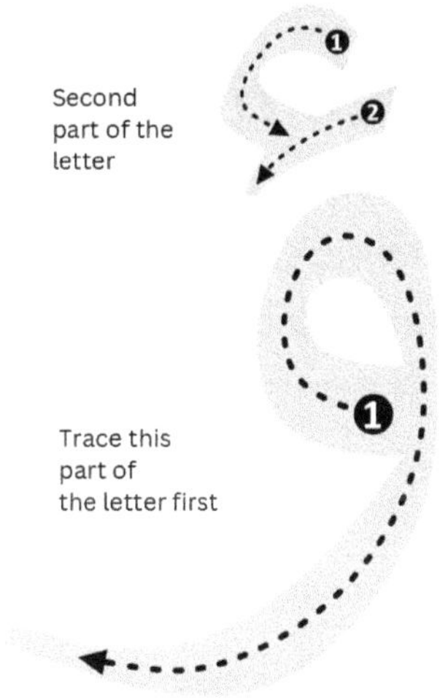

Second part of the letter

Trace this part of the letter first

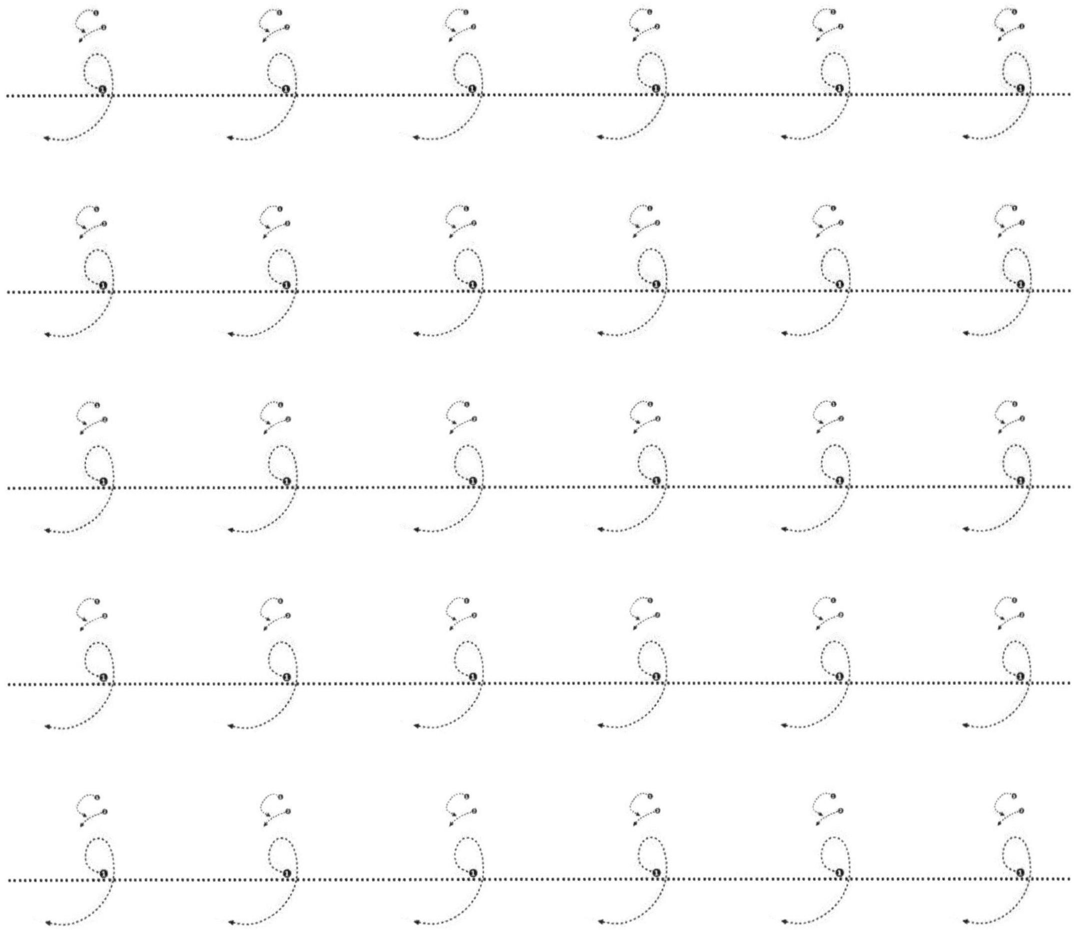

Trace the Letter: Ba

Do not trace randomly. Follow the guidelines from right to left to develop a better habit of good and quick handwriting.

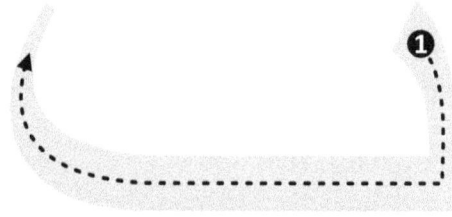

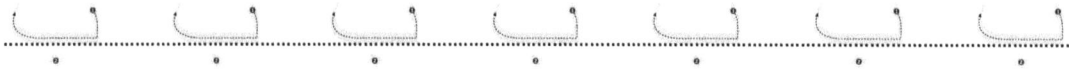

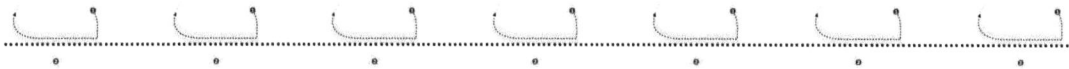

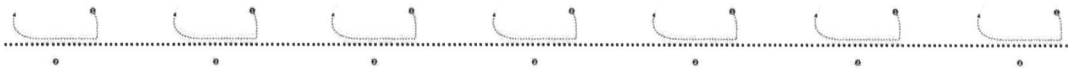

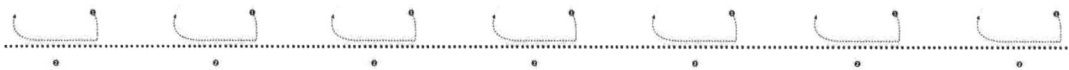

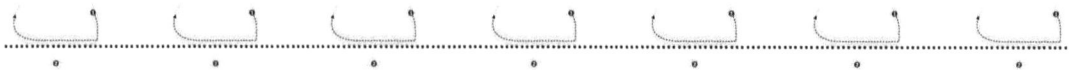

Supporting online and home schooling

Trace the Letter: Ta

Do not trace randomly. Follow the guidelines from right to left to develop a better habit of good and quick handwriting.

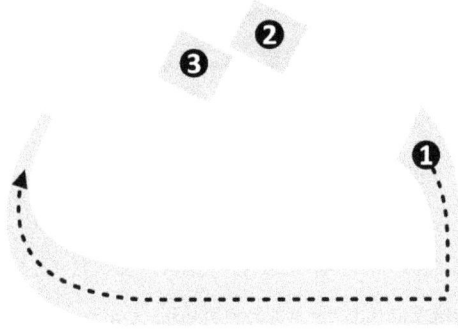

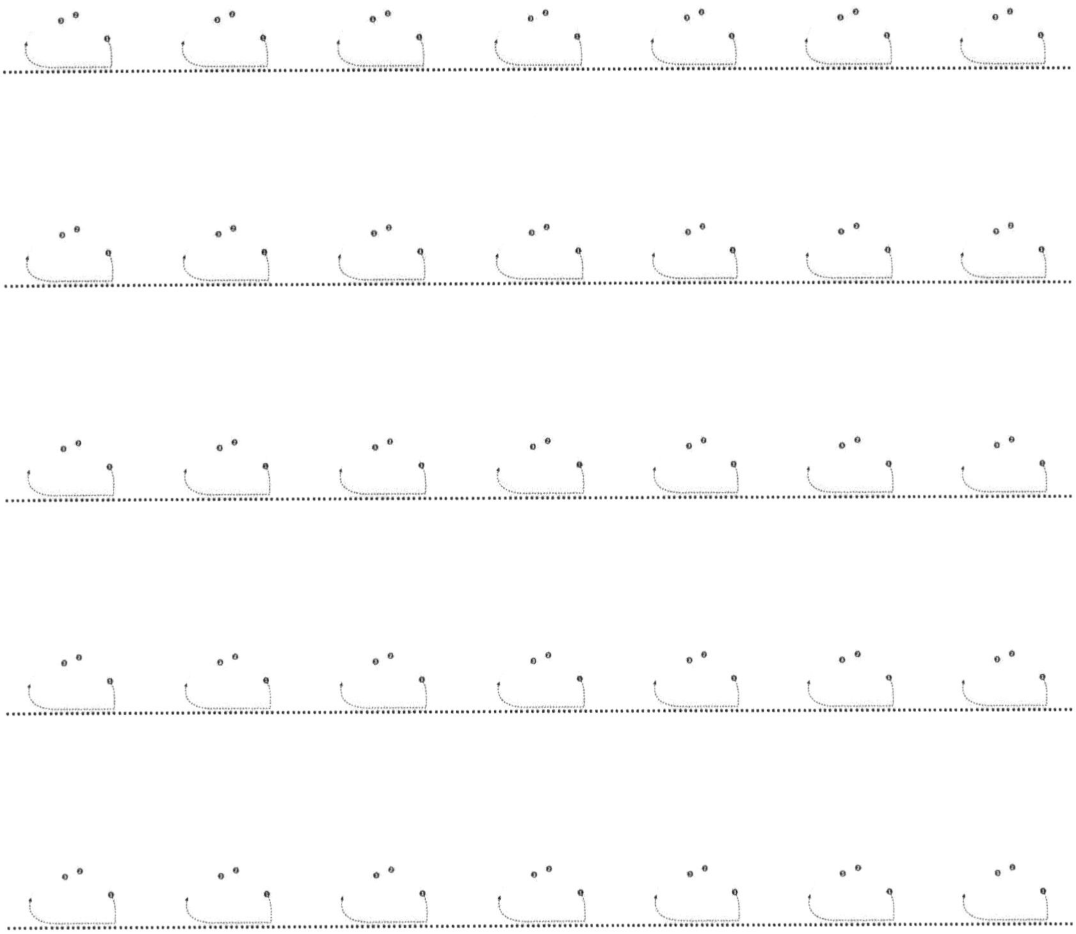

Trace the Letter: Ta

(a variant)

Do not trace randomly. Follow the guidelines from right to left to develop a better habit of good and quick handwriting.

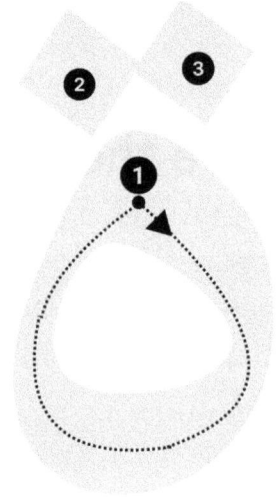

Trace the Letter: Ta

(a variant)

Do not trace randomly. Follow the guidelines from right to left to develop a better habit of good and quick handwriting.

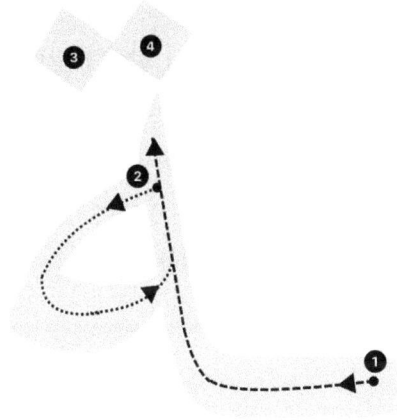

Trace the Letter: Tha

Do not trace randomly. Follow the guidelines from right to left to develop a better habit of good and quick handwriting.

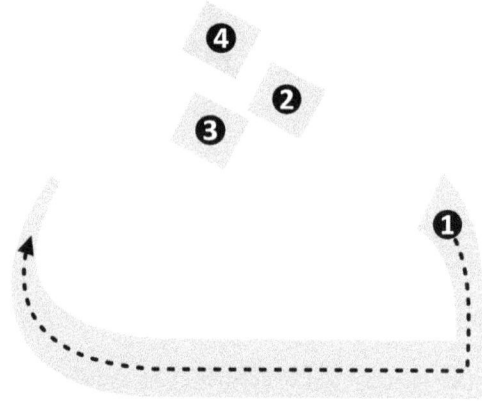

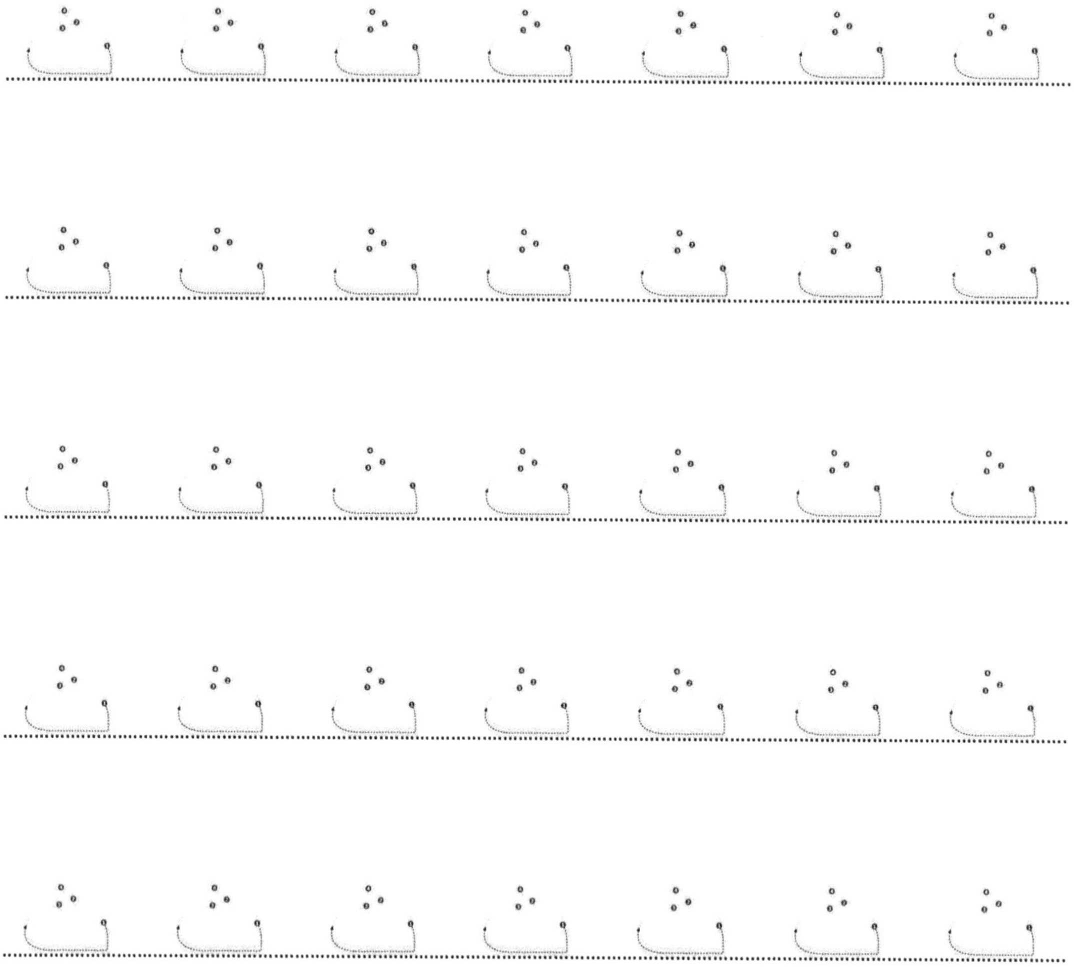

Trace the Letter: Jeem

Do not trace randomly. Follow the guidelines from right to left to develop a better habit of good and quick handwriting.

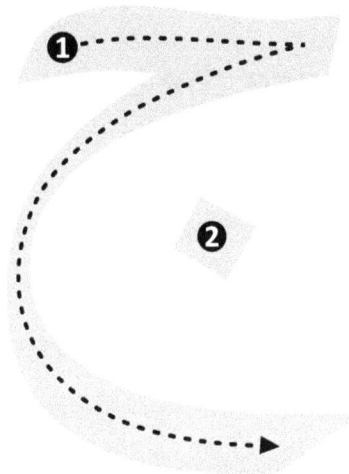

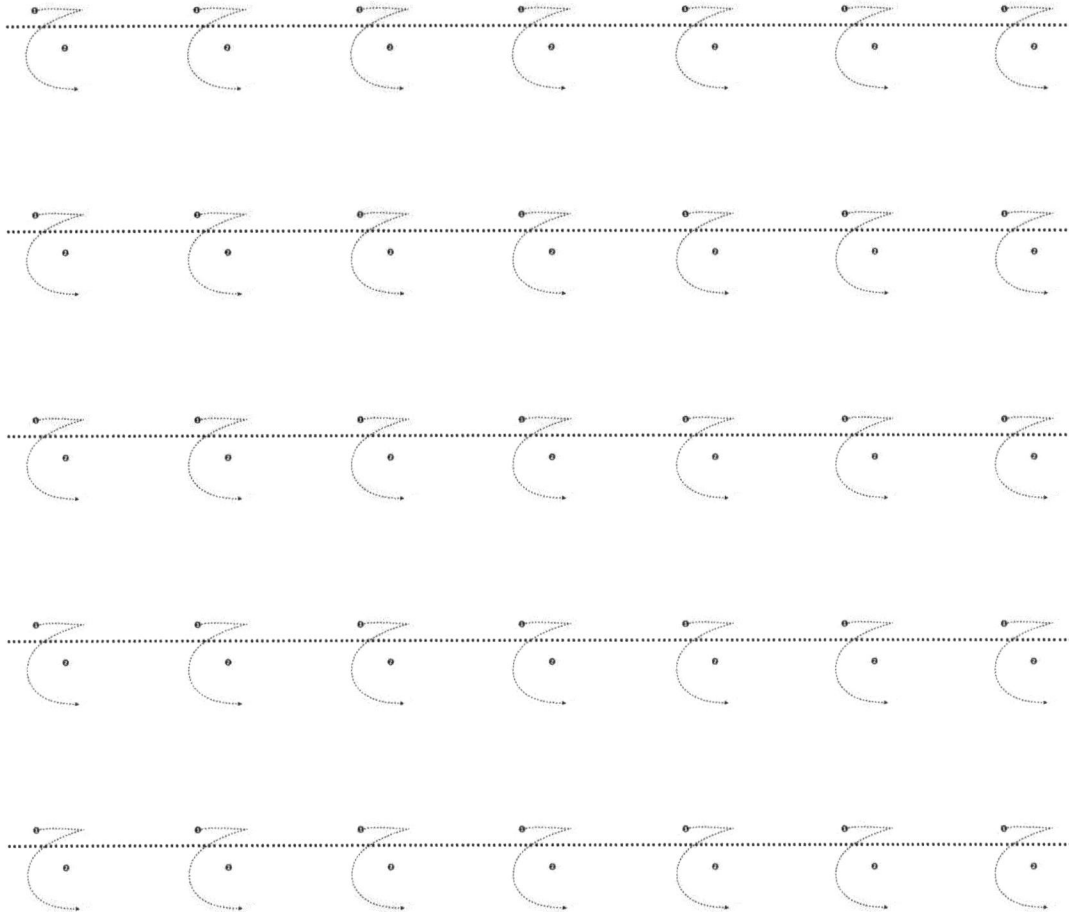

Trace the Letter: Hha

Do not trace randomly. Follow the guidelines from right to left to develop a better habit of good and quick handwriting.

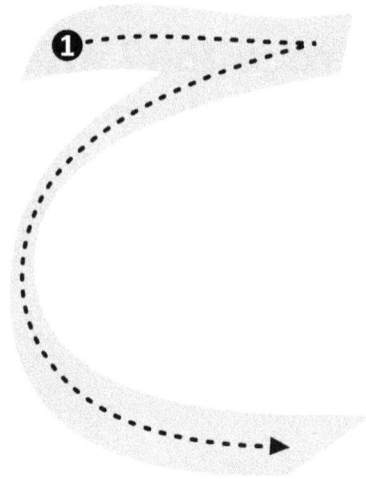

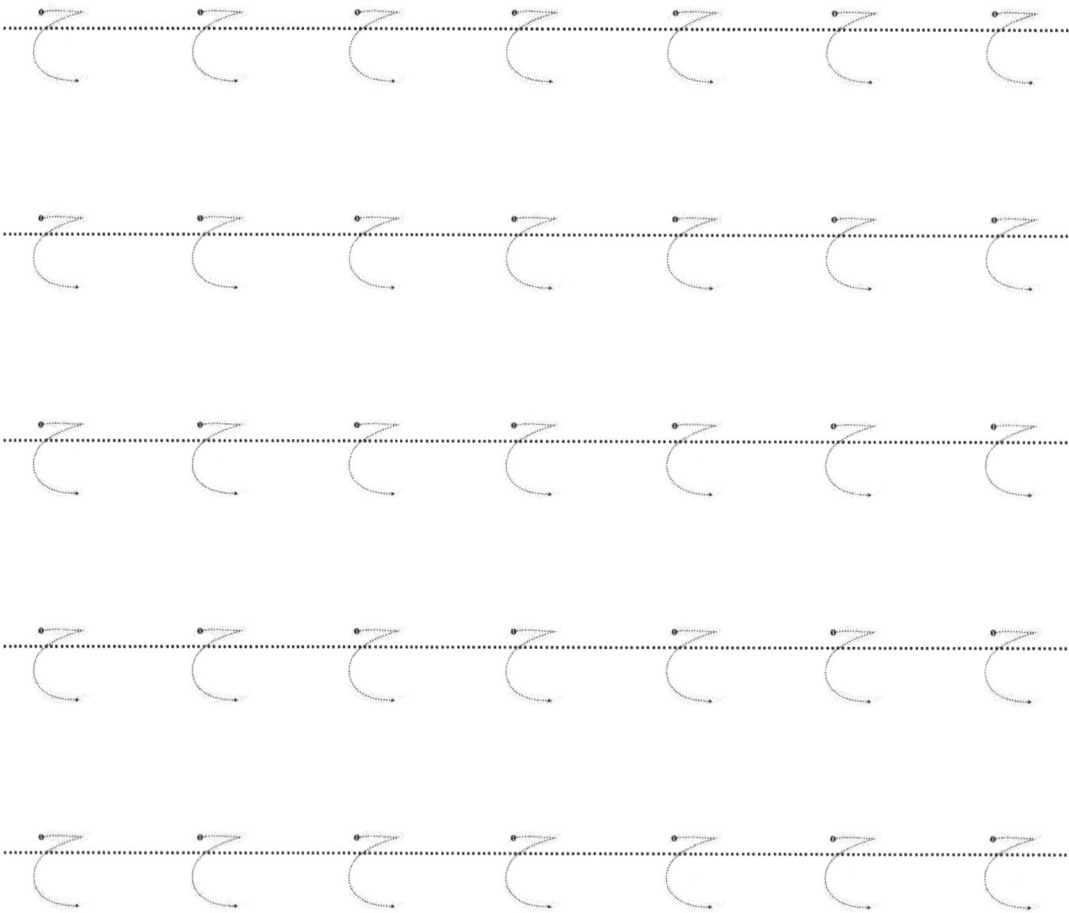

Trace the Letter: Kha

Do not trace randomly. Follow the guidelines from right to left to develop a better habit of good and quick handwriting.

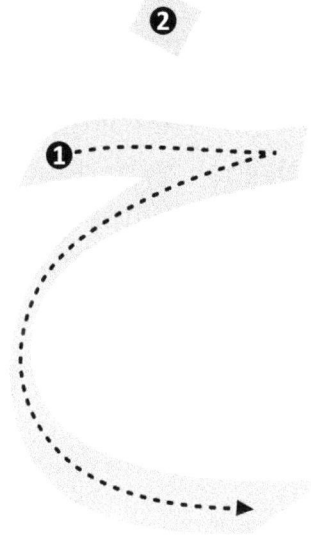

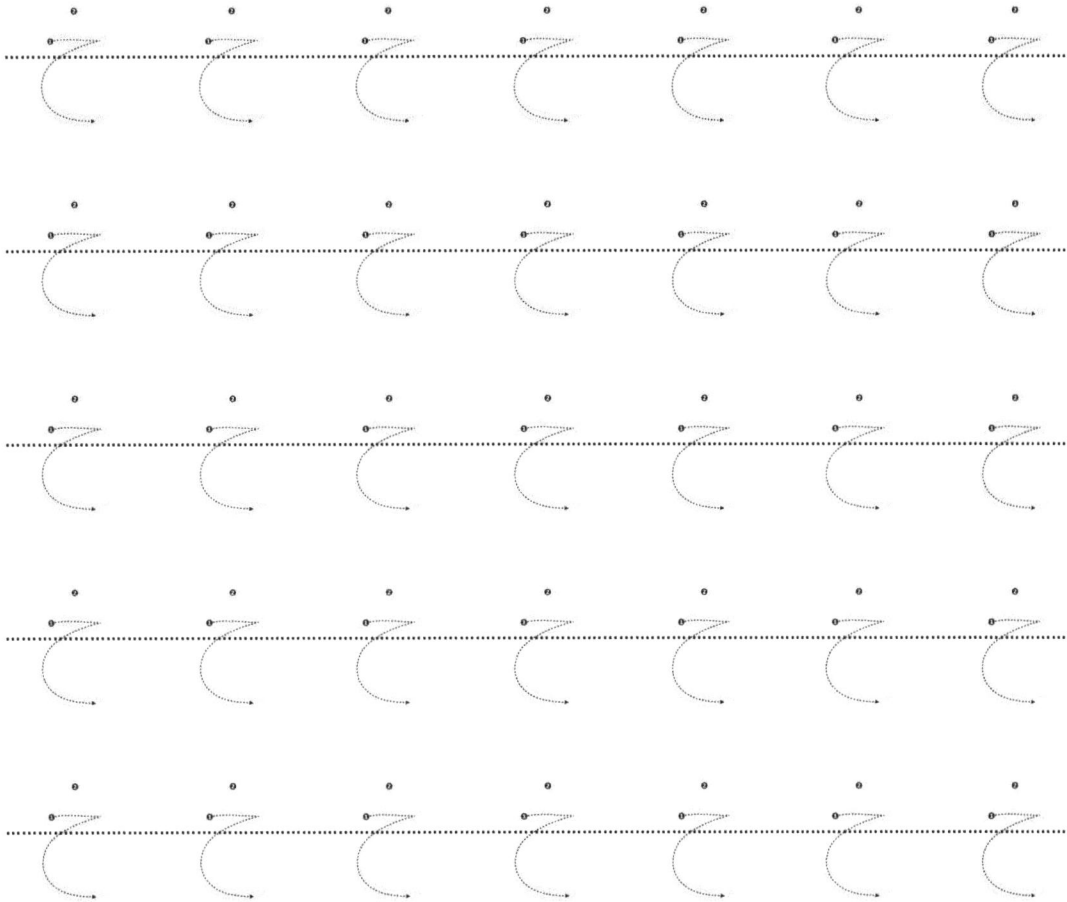

Trace the Letter: Dal

Do not trace randomly. Follow the guidelines from right to left to develop a better habit of good and quick handwriting.

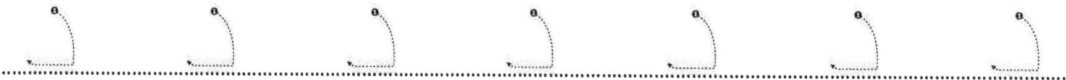

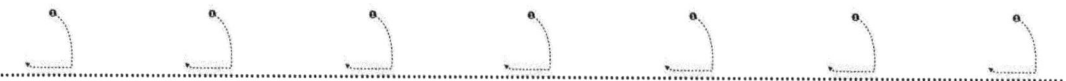

Trace the Letter: Dhal

Do not trace randomly. Follow the guidelines from right to left to develop a better habit of good and quick handwriting.

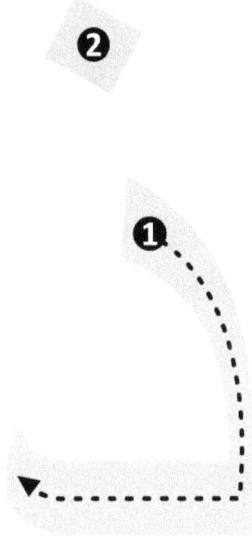

❷

❶

Trace the Letter: Ra

Do not trace randomly. Follow the guidelines from right to left to develop a better habit of good and quick handwriting.

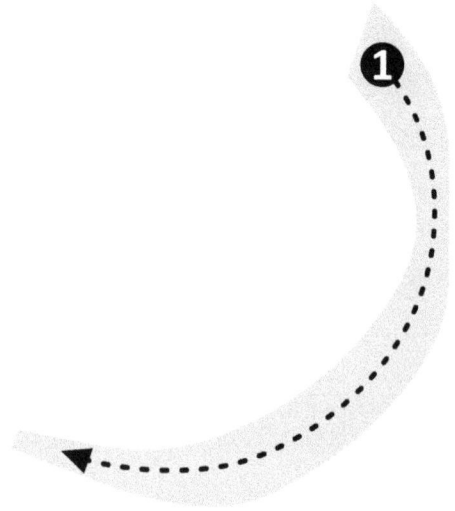

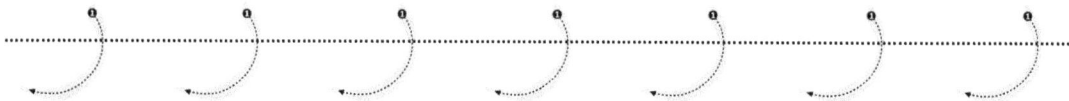

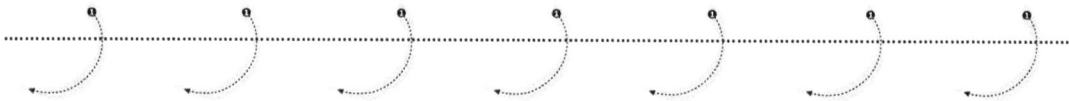

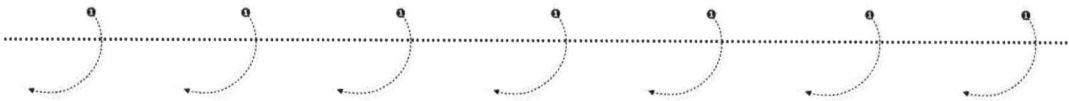

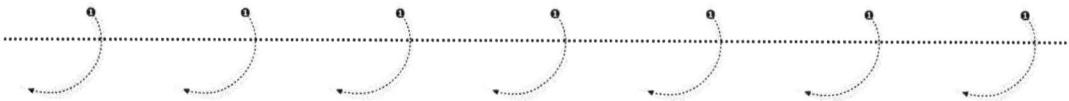

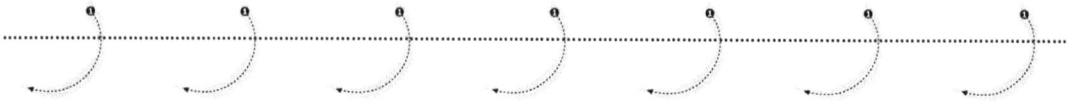

Trace the Letter: Zay

Do not trace randomly. Follow the guidelines from right to left to develop a better habit of good and quick handwriting.

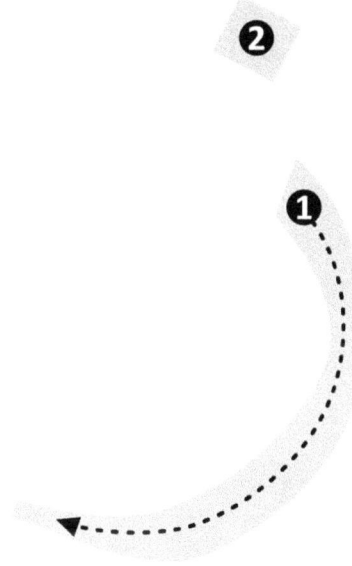

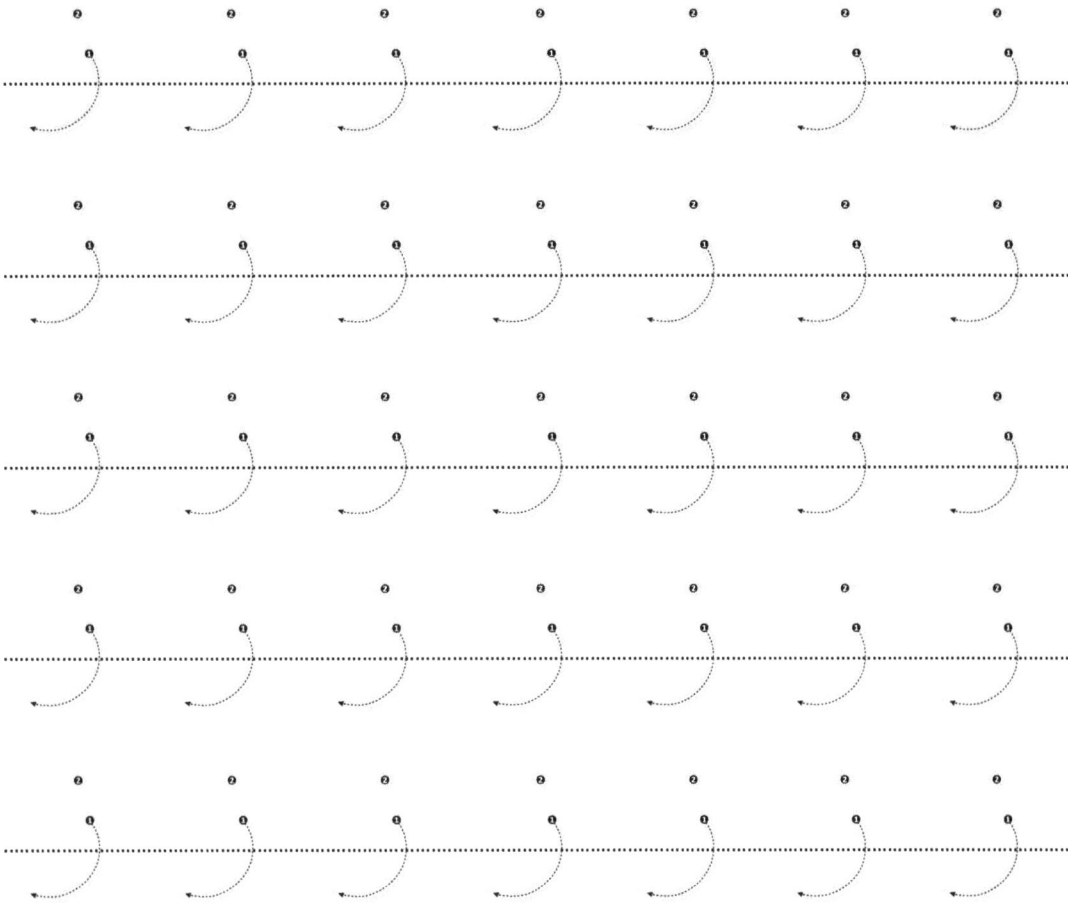

Trace the Letter: Seen

Do not trace randomly. Follow the guidelines from right to left to develop a better habit of good and quick handwriting.

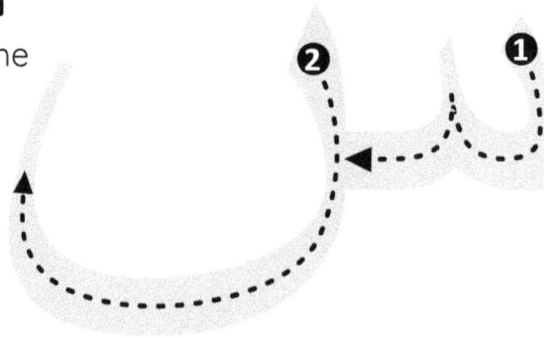

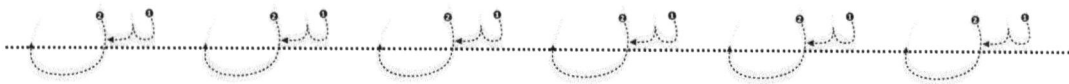

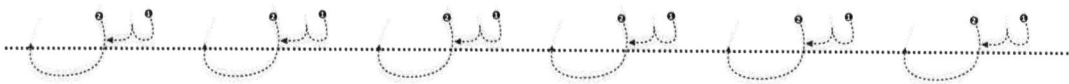

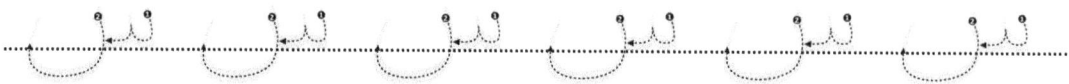

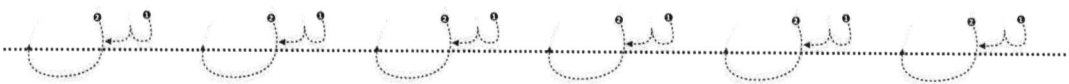

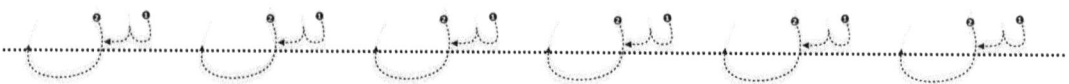

سـ سـ سـ سـ سـ سـ

سـ سـ سـ سـ سـ سـ

سـ سـ سـ سـ سـ سـ

سـ سـ سـ سـ سـ سـ

سـ سـ سـ سـ سـ سـ

Trace the Letter: Sheen

Do not trace randomly. Follow the guidelines from right to left to develop a better habit of good and quick handwriting.

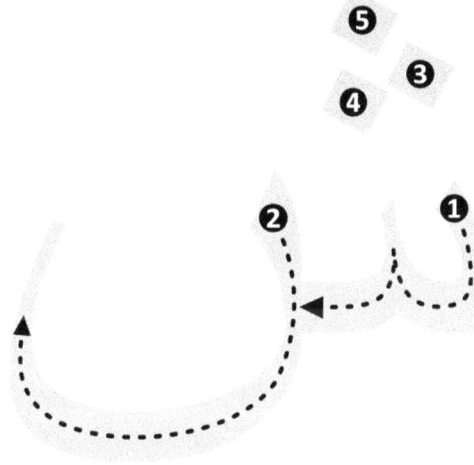

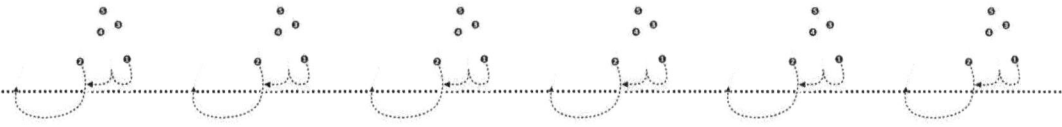

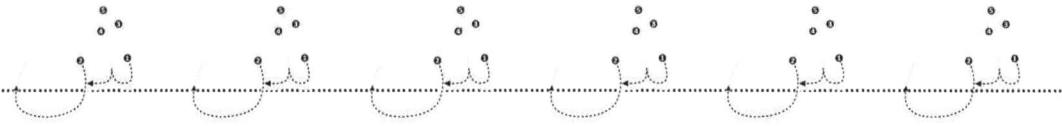

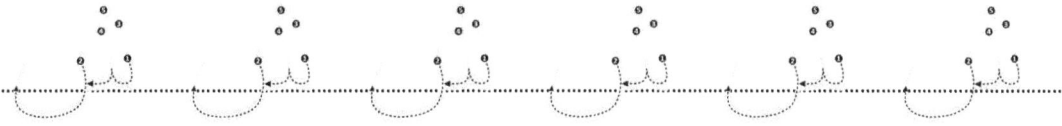

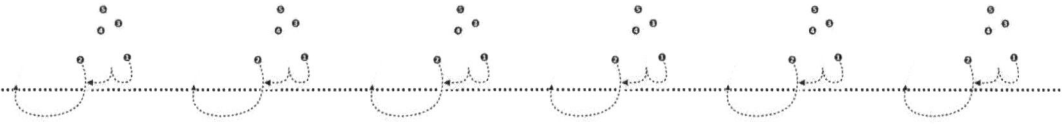

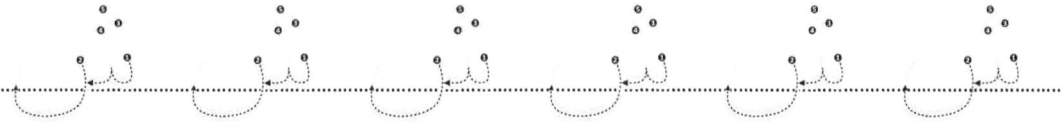

⑤ ③ ④

② ①

ش ش ش ش ش ش

ش ش ش ش ش ش

ش ش ش ش ش ش

ش ش ش ش ش ش

ش ش ش ش ش ش

Trace the Letter: Sad

Do not trace randomly. Follow the guidelines from right to left to develop a better habit of good and quick handwriting.

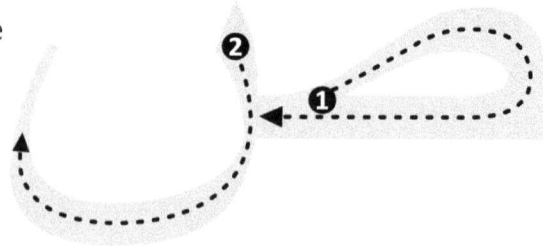

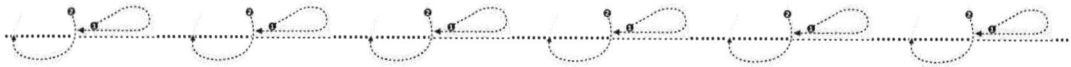

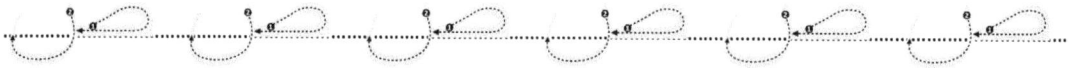

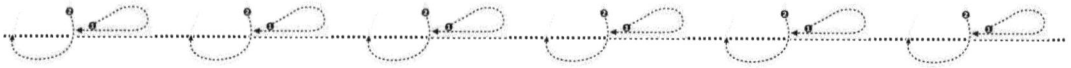

Trace the Letter: Dhad

Do not trace randomly. Follow the guidelines from right to left to develop a better habit of good and quick handwriting.

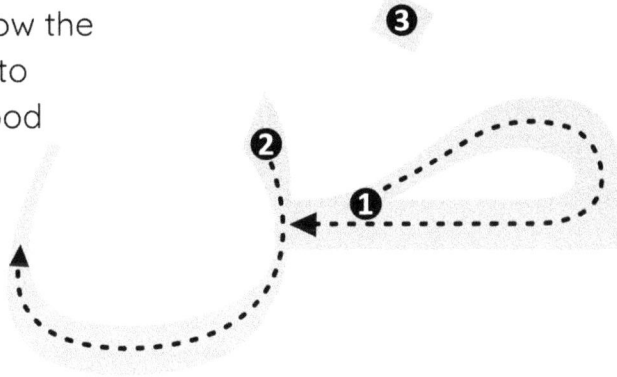

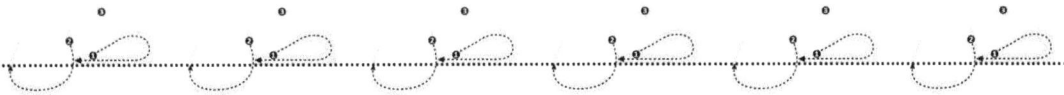

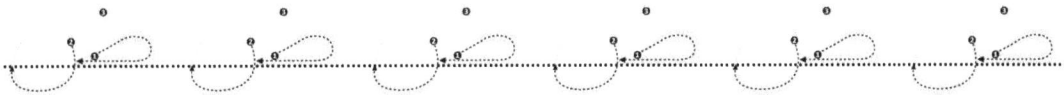

Trace the Letter: Taa

Do not trace randomly. Follow the guidelines from right to left to develop a better habit of good and quick handwriting.

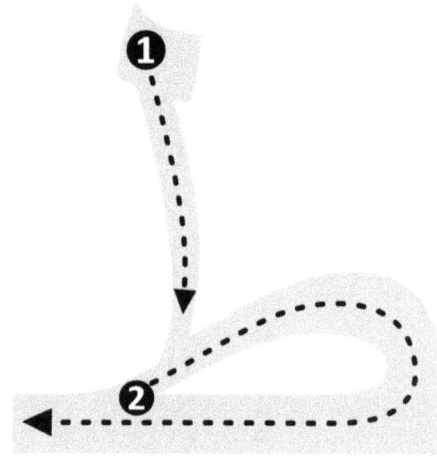

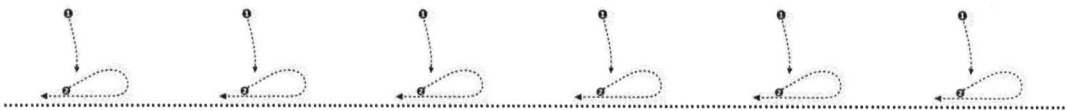

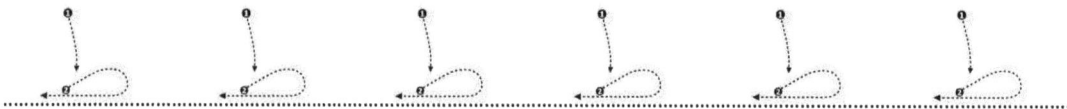

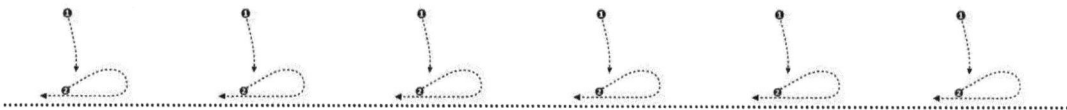

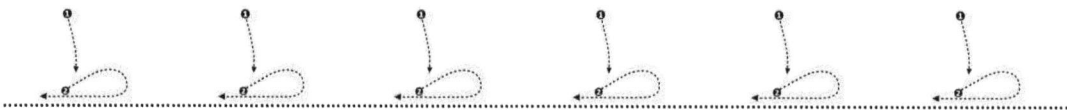

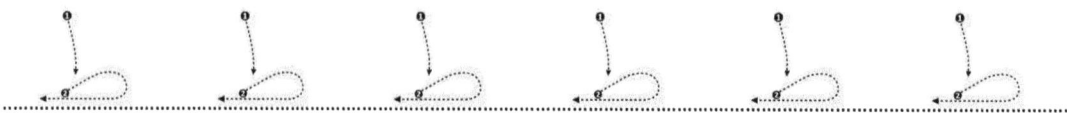

Trace the Letter: Dhaa

Do not trace randomly. Follow the guidelines from right to left to develop a better habit of good and quick handwriting.

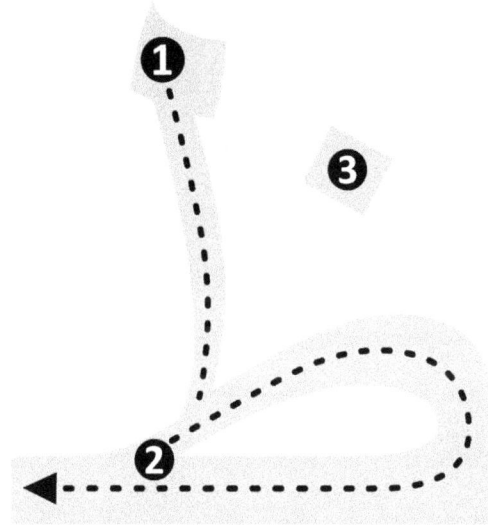

Trace the Letter: Ayn

Do not trace randomly. Follow the guidelines from right to left to develop a better habit of good and quick handwriting.

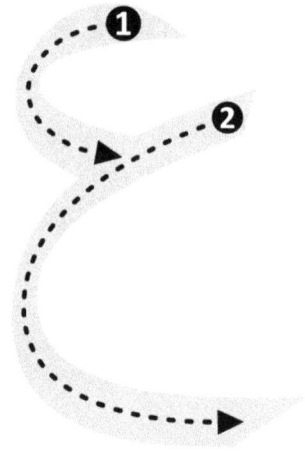

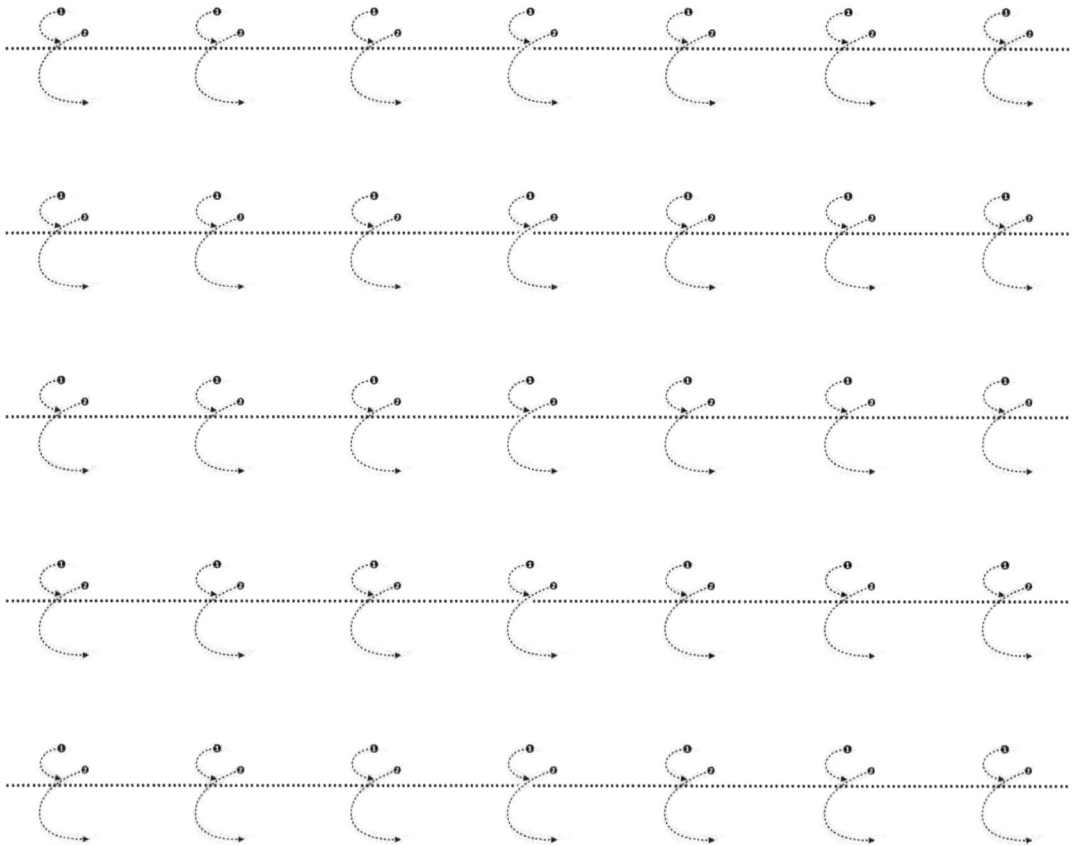

Trace the Letter: Ghayn

Do not trace randomly. Follow the guidelines from right to left to develop a better habit of good and quick handwriting.

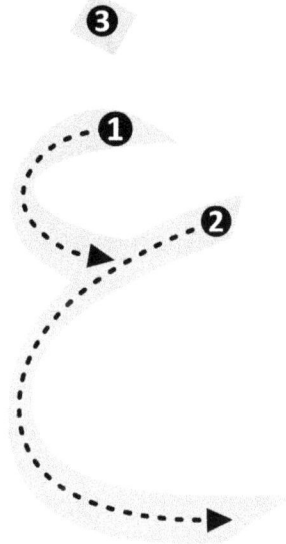

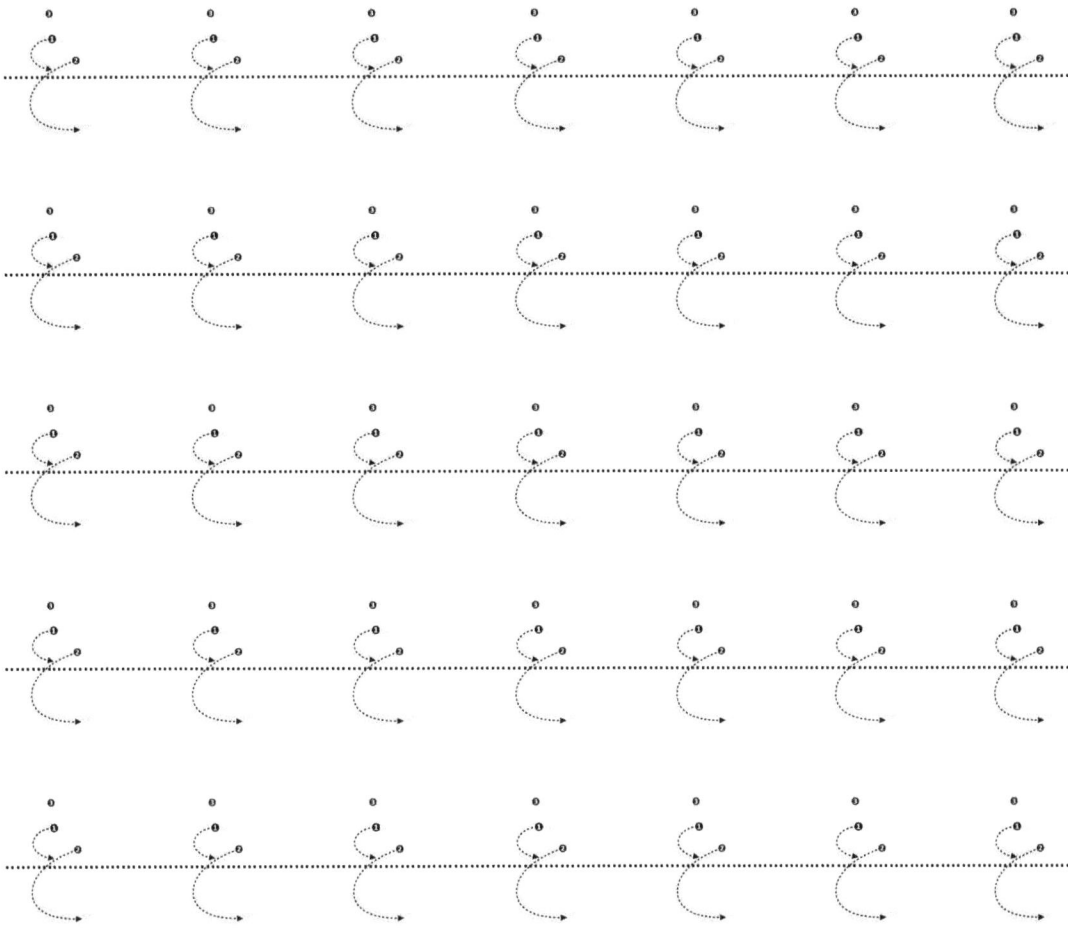

Trace the Letter: Fa

Do not trace randomly. Follow the guidelines from right to left to develop a better habit of good and quick handwriting.

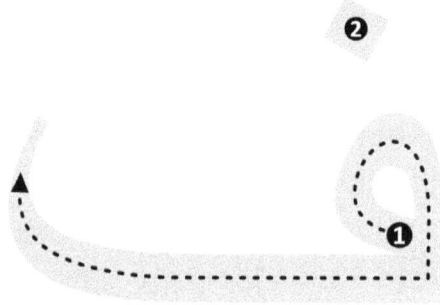

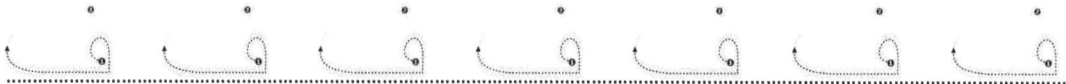

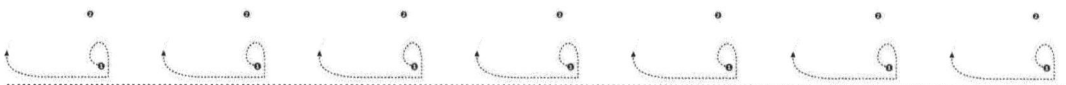

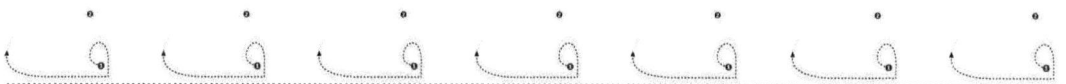

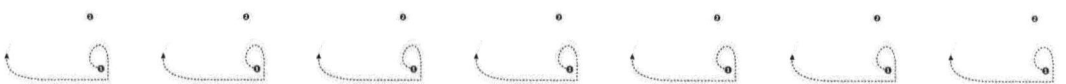

Trace the Letter: Qaf

Do not trace randomly. Follow the guidelines from right to left to develop a better habit of good and quick handwriting.

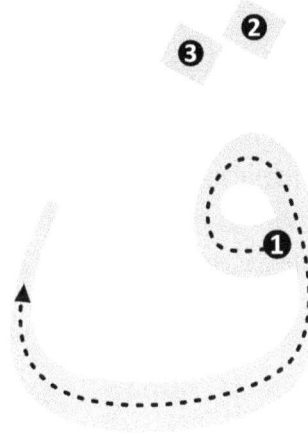

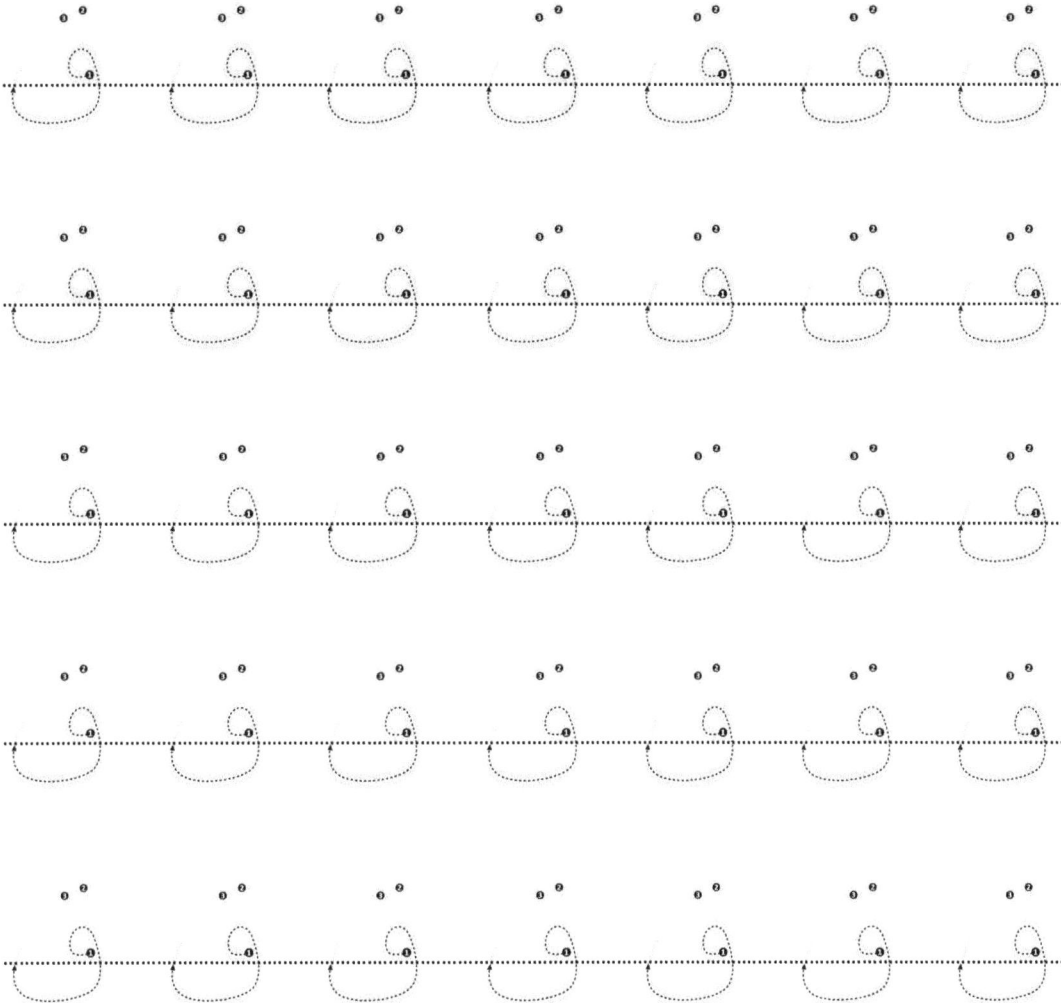

Trace the Letter: Kaf

Do not trace randomly. Follow the guidelines from right to left to develop a better habit of good and quick handwriting.

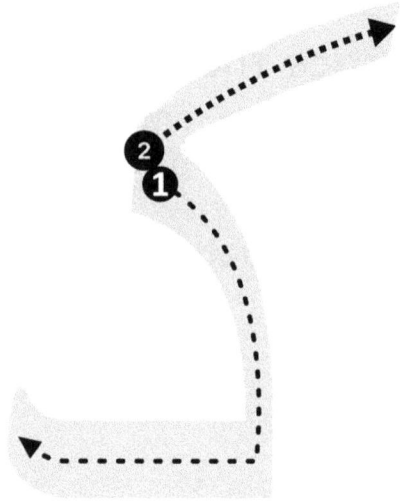

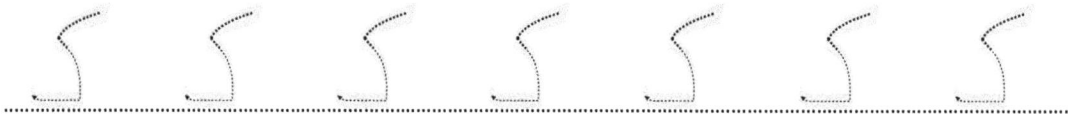

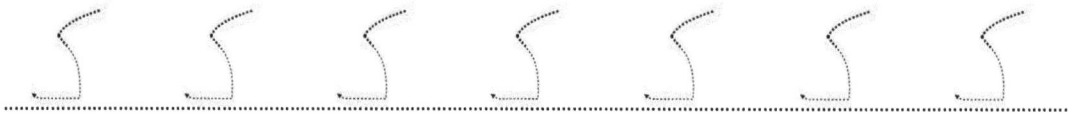

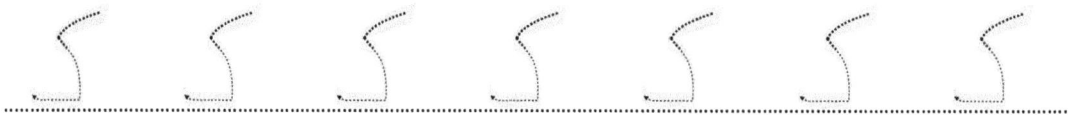

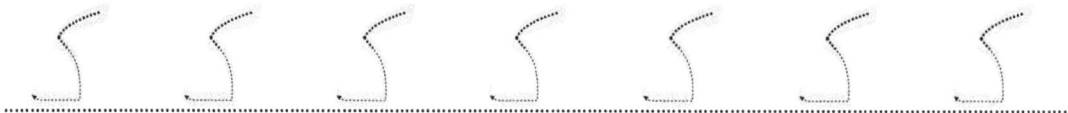

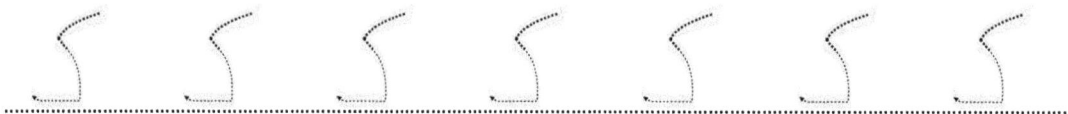

Trace the Letter: Kaf

(a variant)

Do not trace randomly. Follow the guidelines from right to left to develop a better habit of good and quick handwriting.

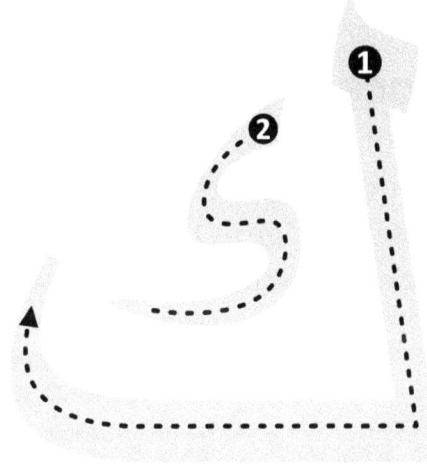

Trace the Letter: Lam

Do not trace randomly. Follow the guidelines from right to left to develop a better habit of good and quick handwriting.

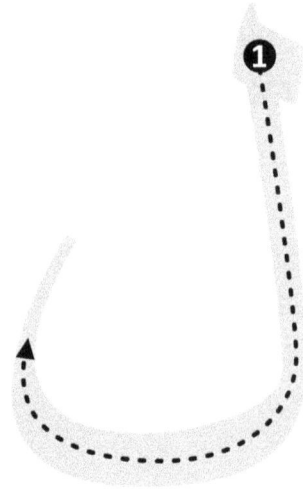

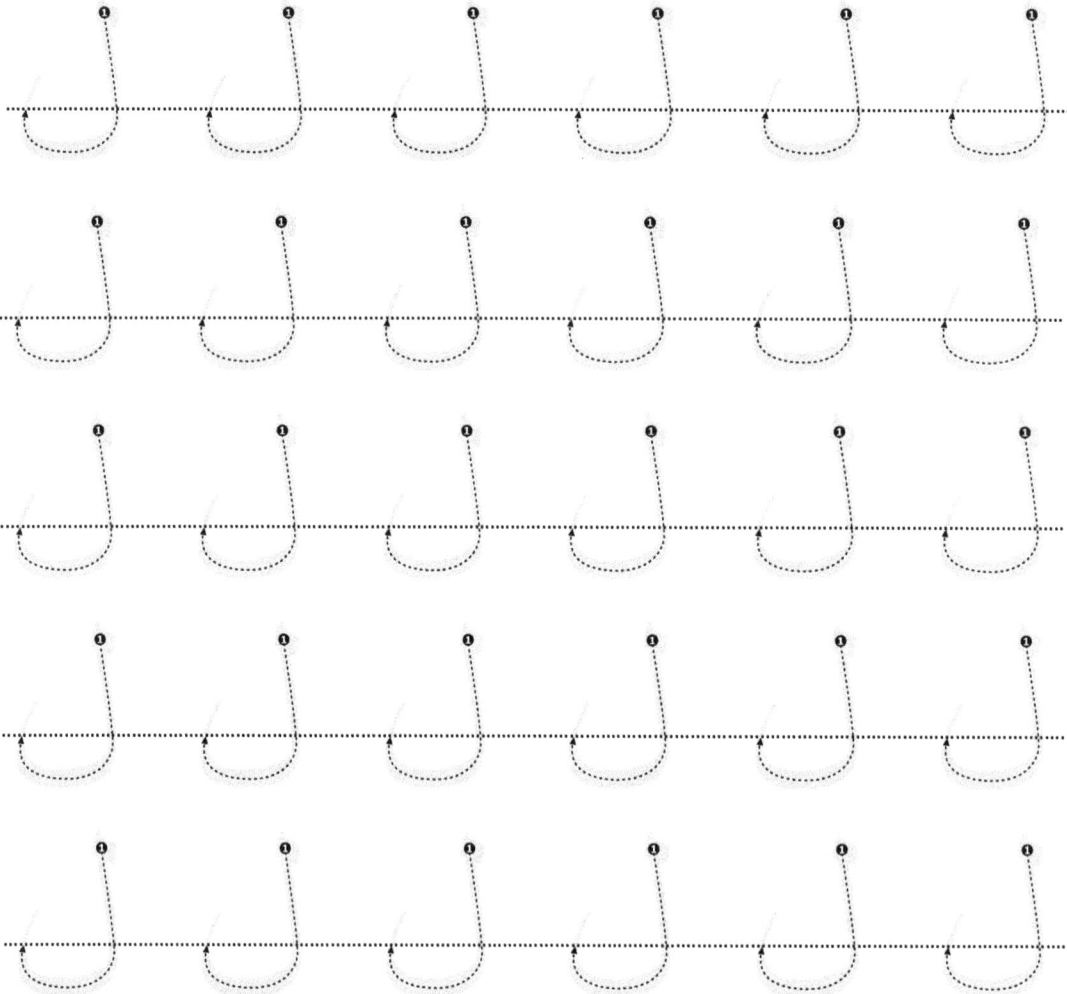

Trace the Letter: Meem

Do not trace randomly. Follow the guidelines from right to left to develop a better habit of good and quick handwriting.

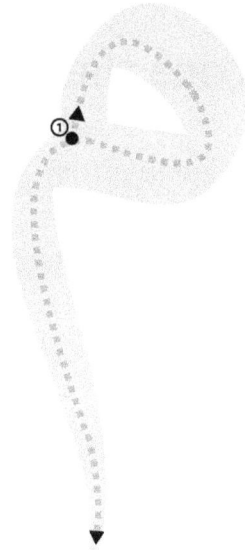

Trace the Letter: Noon

Do not trace randomly. Follow the guidelines from right to left to develop a better habit of good and quick handwriting.

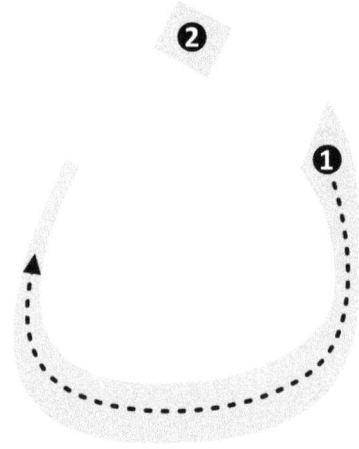

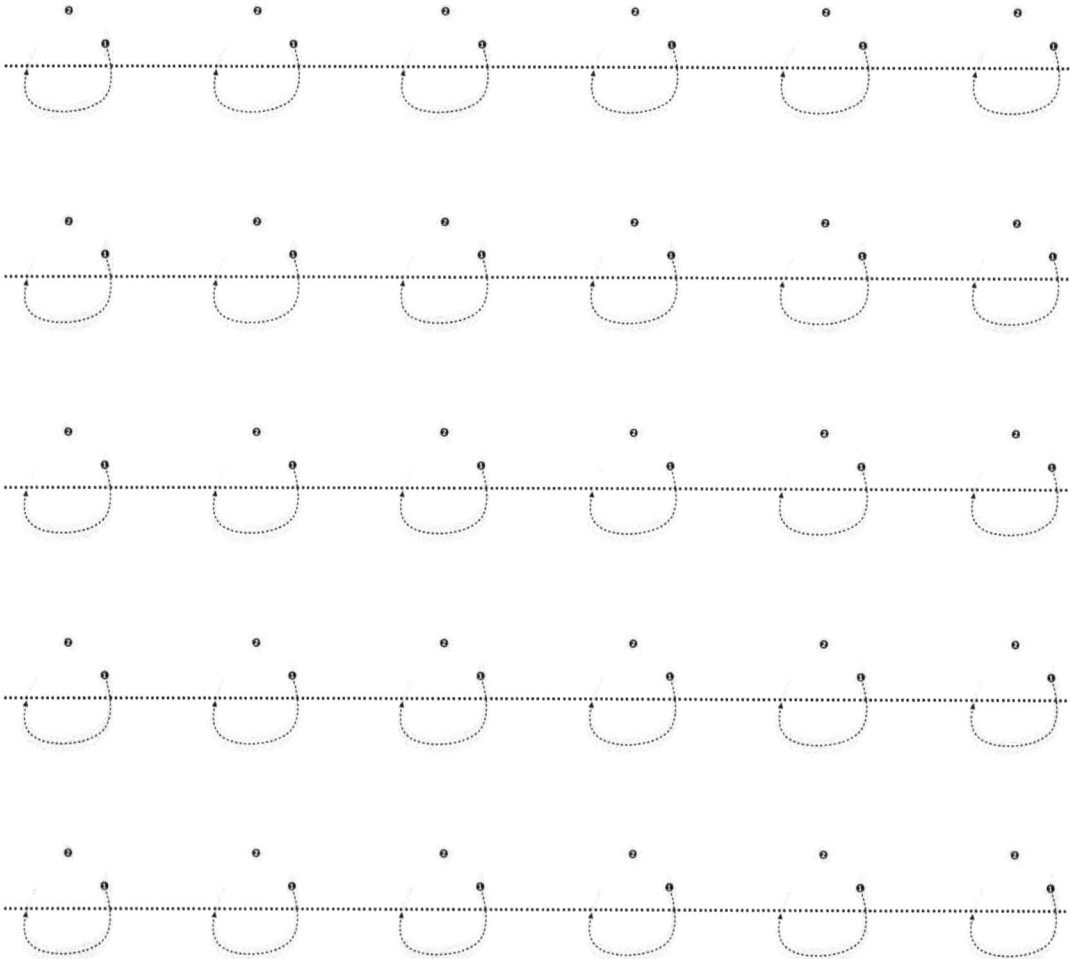

Trace the Letter: Ha

Do not trace randomly. Follow the guidelines from right to left to develop a better habit of good and quick handwriting.

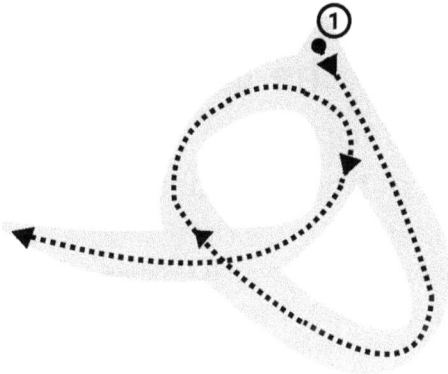

Trace the Letter: Ha

(a variant)

Do not trace randomly. Follow the guidelines from right to left to develop a better habit of good and quick handwriting.

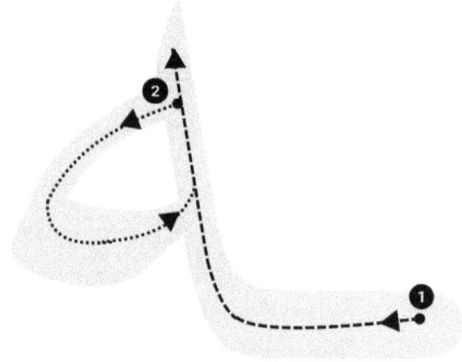

Trace the Letter: Ha

(a variant)

Do not trace randomly. Follow the guidelines from right to left to develop a better habit of good and quick handwriting.

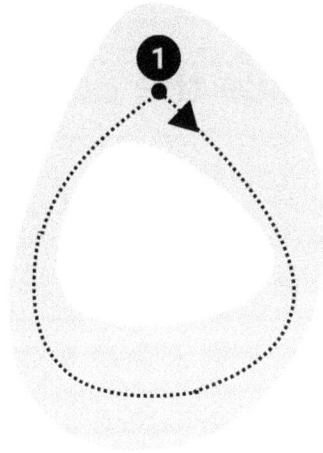

Trace the Letter: Waw

Do not trace randomly. Follow the guidelines from right to left to develop a better habit of good and quick handwriting.

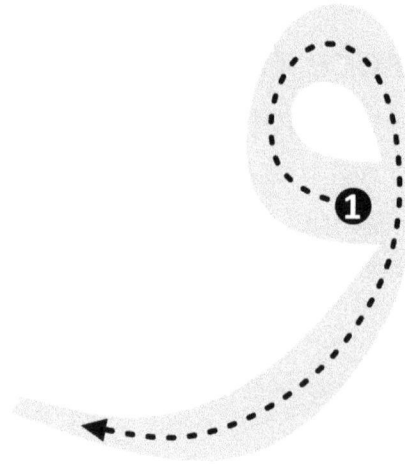

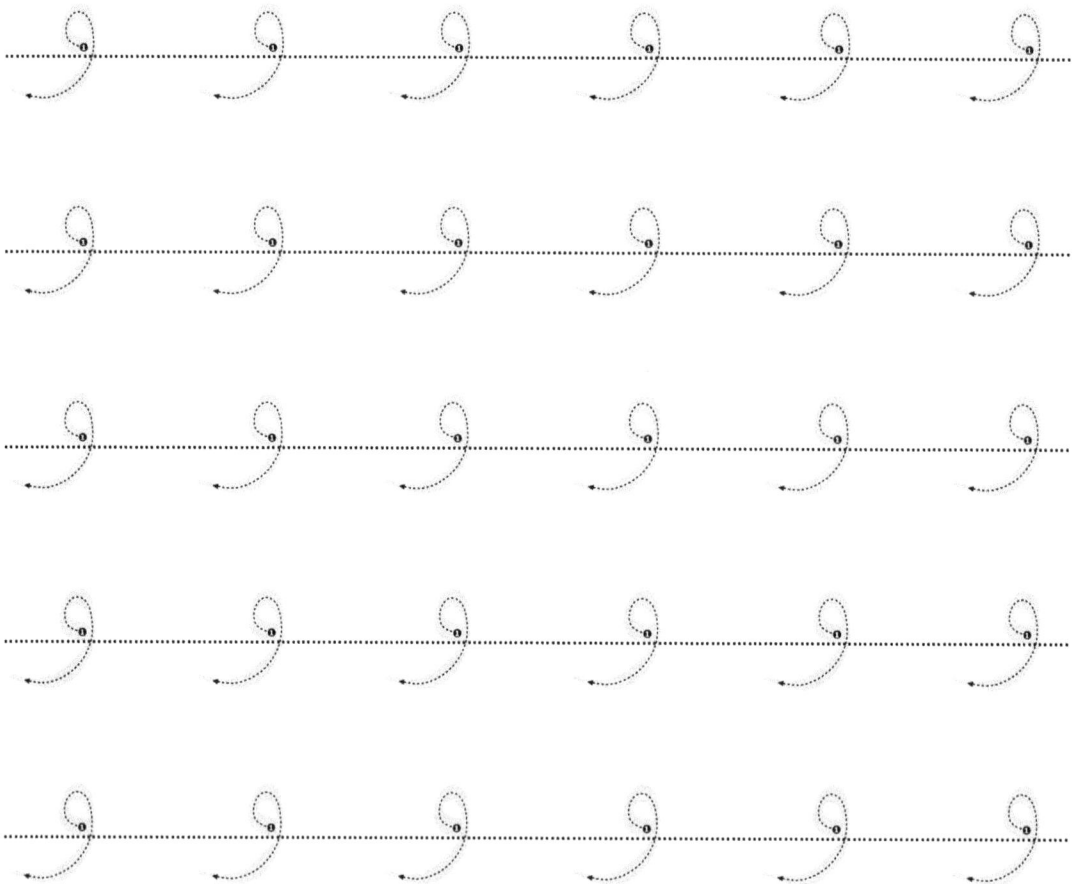

Trace the Letter: Ya

Do not trace randomly. Follow the guidelines from right to left to develop a better habit of good and quick handwriting.

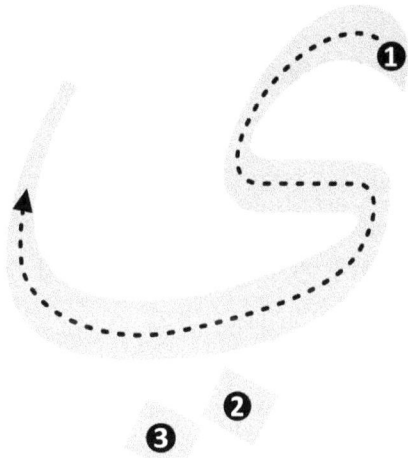

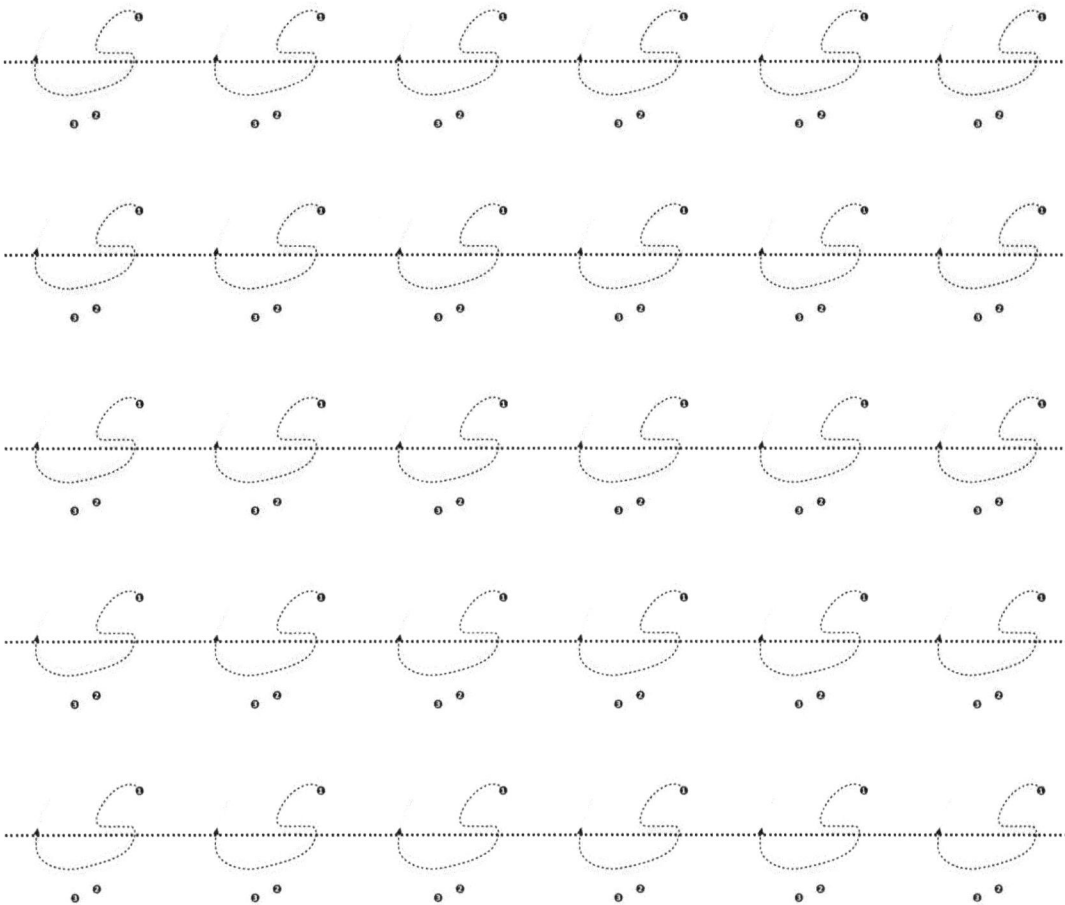

Trace the Letter: Ya

(a variant)

Do not trace randomly. Follow the guidelines from right to left to develop a better habit of good and quick handwriting.

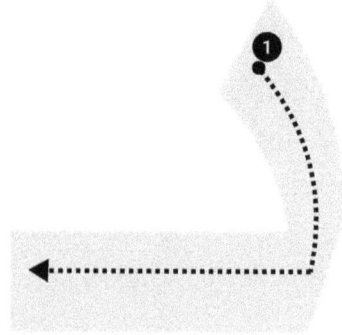

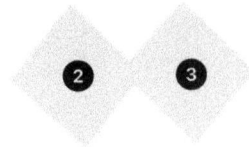

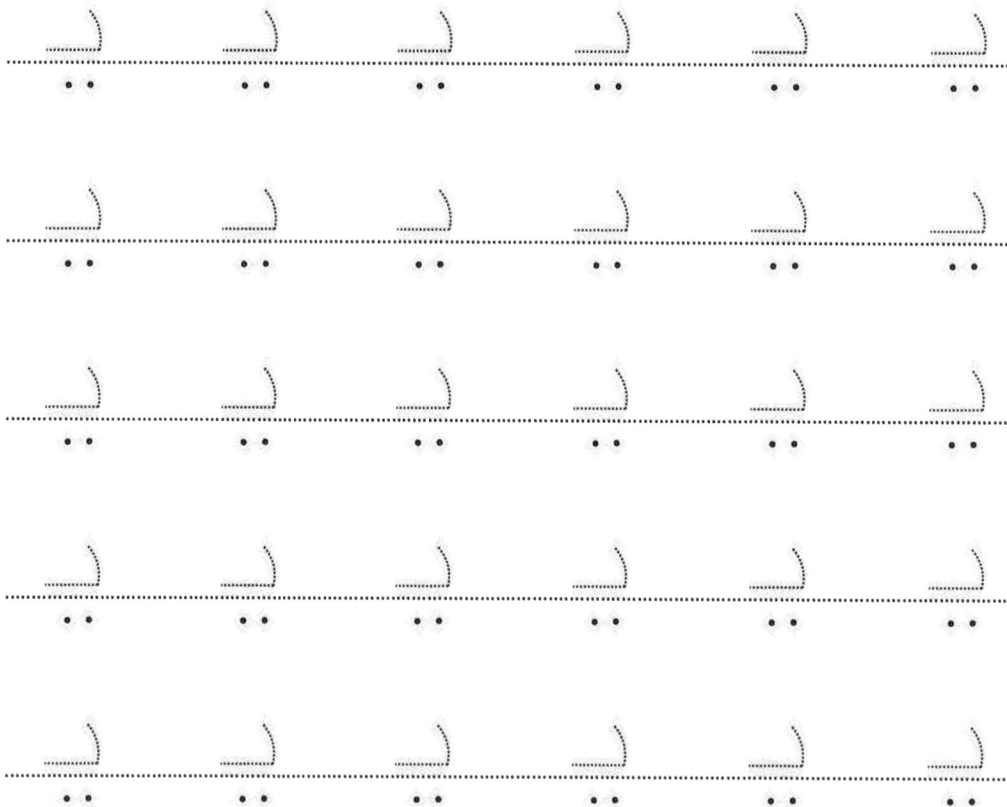

The 6 Arabic Short Vowels

In Arabic, the vowel sounds are not represented by separate letters as in some other languages. Instead, Arabic uses diacritical marks (known as harakat or shakal) to indicate short vowel sounds. There are **six (6) short vowels** and **three (3) long vowels** in Arabic along with other few **additional marks**.

The six (6) **short vowels** are the following:

حَ سَ فَ

● **Fatha (فَتْحَة):** Pronounced as a short "a" sound. Written as a small diagonal line above a letter.

رُ طُ شُ

● **Damma (ضَمَّة):** Pronounced as a short "u" sound. Written as a small "u"-shaped mark above a letter.

صِ عِ ثِ

● **Kasra (كَسْرَة):** Pronounced as a short "i" sound. Written as a small diagonal line below a letter.

لاً
ماً ثاً

- **Double Fatha (الفتحتين):** This is used for the "an" sound in Arabic. It consists of two Fatha marks placed above a letter, indicating a short vowel sound, similar to "an" in "man."

شٌ
لٌ رٌ

- **Double Damma (الضمتين):** This is used for the "un" sound in Arabic. The two Damma marks above a letter indicate a short vowel sound, similar to "un" in "fun."

غٍ
فٍ ضٍ

- **Double Kasra (الكسرتين):** This represents the "in" sound in Arabic. It is the combination of two Kasra marks, placed beneath a letter, indicating a short vowel sound, similar to "in" in "pin."

The 3 Arabic Long Vowels

Long vowels in Arabic are represented by three letters: **Alif**, **Waw**, and **Ya**. They can be seen as **extended versions of the short vowels**. Unlike short vowels, which are written above or below the letters, long vowels are integral parts of the word and are written as letters themselves. These long vowels are crucial for correct pronunciation and meaning, as they differentiate words that might otherwise be spelled similarly.

قَ فَا قَا سَا

- **Alif (ا):** Represents a long "aa" sound, similar to the "a" in the English word "father." It is used to elongate the sound of the vowel, making it distinct from the short "a" sound. In Arabic,

بُو مُو ثُو

- **Waw (و):** Represents a long "oo" sound, similar to the "oo" in the English word "boot." It is used to elongate the vowel sound, giving it more duration compared to the short vowel

بِي نِي ضِي

- **Ya (ي):** Represents a long "ee" sound, similar to the "ee" in the English word "see." It elongates the vowel sound, differentiating it from the short "i" sound.

The 3 Additional Marks

بْ رْ طْ

- **Sukun (سُكُون):** Sukun is represented by a small circle placed above a consonant, sukun indicates the absence of a short vowel following that consonant. In other words, it shows that the consonant is not accompanied by a vowel sound, signifying a pause or a "dead" consonant in pronunciation.

ضَّ غِّ مُّ

- **Shadda (شَدَّة):** Shadda is represented by a small "w"-shaped mark placed above a consonant. It signifies the doubling or emphasis of the consonant sound, indicating that the consonant should be pronounced with greater intensity or for an extended duration. This mark is essential in distinguishing words where consonant doubling changes the meaning.

آ

- **Maddah (مَدَّة):** A tilde-like mark (˜) placed above the letter Alif. It indicates a prolonged vowel sound.

What is Shakal ?

Shakal (شَكْل) in Arabic refers to the system of diacritical marks (the vowels and the additional marks) used to indicate the correct pronunciation of Arabic words. The key elements of Shakal include: Fatha (فَتْحَة), Damma (ضَمَّة), Kasra (كَسْرَة), Sukun (سُكُون), Shadda (شَدَّة), Maddah (مَدَّة) and Tanween (تَنْوِين) (double fatha, double kasra and double damma)

The Purpose of Shakal:

- **Clarifies pronunciation**: In Arabic, many words can be spelled the same but have different meanings based on pronunciation. Shakal helps differentiate between these words.

- **Ensures proper recitation:** This is especially important in the context of the Quran and classical Arabic texts, where pronunciation and meaning are closely linked.

- **Aids learners:** For non-native speakers or beginners, Shakal provides the necessary guidance to pronounce words correctly.

While Shakal marks are commonly used in Quranic texts and beginner language materials for clarity, **at an advanced level, you no longer need Shakal** to write, read, or understand Arabic texts. For this reason, Shakal is omitted in everyday written Arabic (such as newspapers, books, or websites.

Do not trace aimlessly. Follow the guidelines to develop a habit of neat and quick handwriting.

For example, with the letter 'Ba':

1. Start by tracing the main part of the letter.

2. Add the dot beneath it.

3. Finally, include the appropriate diacritical marks (Shakal) above or below, depending on the case

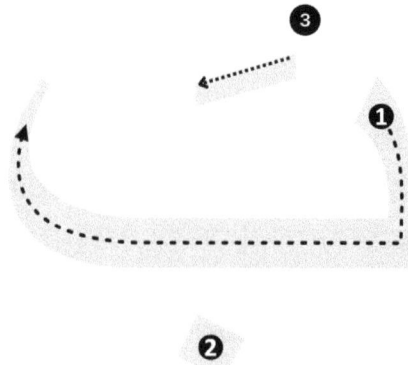

بَا بَا بَا بَا بَا

بُو بُو بُو بُو بُو

بِي بِي بِي بِي بِي

بًا بًا بًا بًا بًا

بٌ بٌ بٌ بٌ بٌ

بٍ بٍ بٍ بٍ بٍ

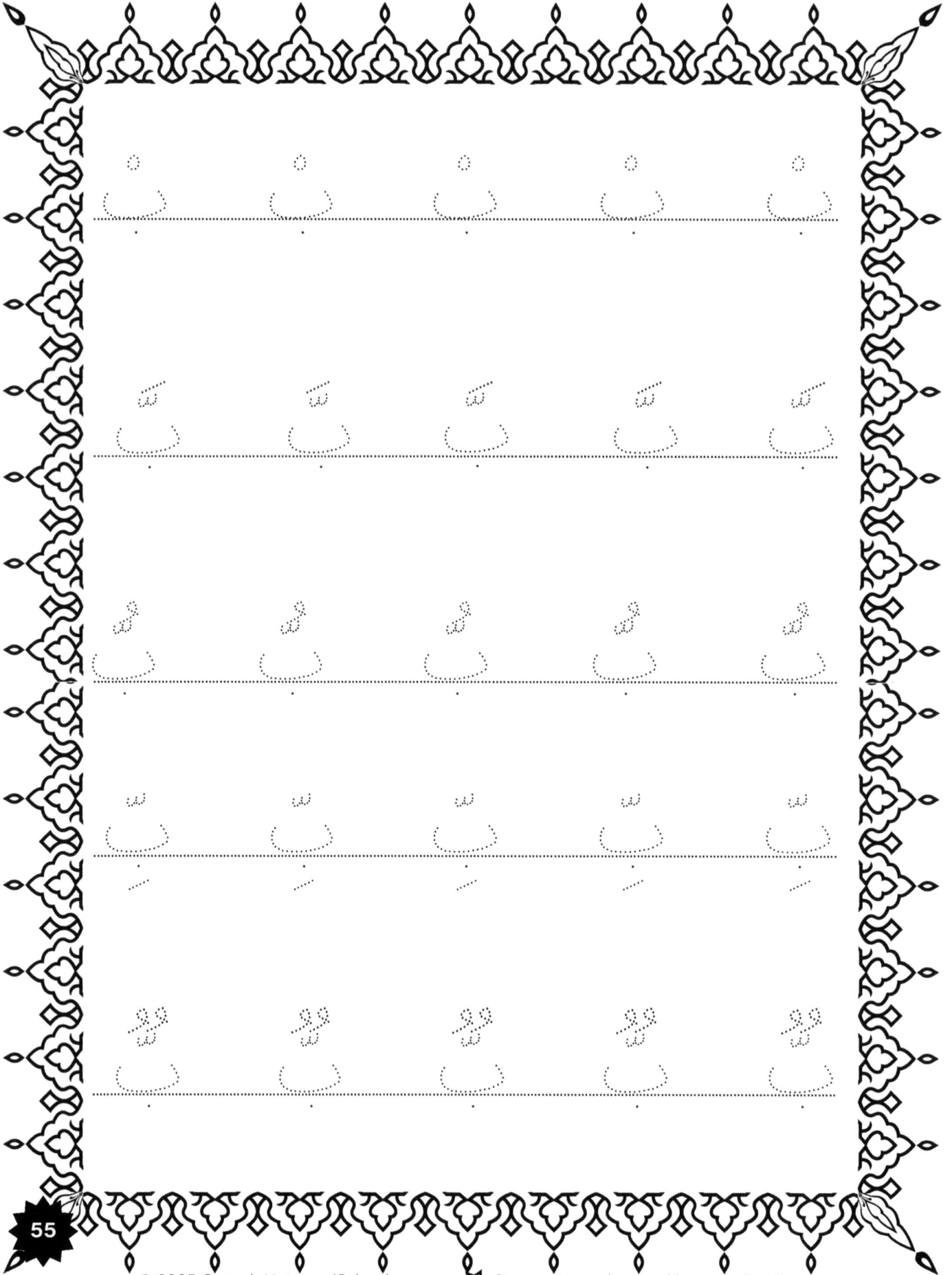

بْ بْ بْ بْ بْ

بَّ بَّ بَّ بَّ بَّ

بُّ بُّ بُّ بُّ بُّ

بِّ بِّ بِّ بِّ بِّ

بٌّ بٌّ بٌّ بٌّ بٌّ

بَّا بَّا بَّا بَّا بَّا

بِّي بِّي بِّي بِّي بِّي

بٍّ بٍّ بٍّ بٍّ بٍّ

بُّو بُّو بُّو بُّو بُّو

بًّا بًّا بًّا بًّا بًّا

Part 2

Notice

The font used in writing the following Quranic texts with **Shakal** is beautiful, suitable, and helps improve handwriting. However, there is a minor inconvenience regarding the use of **Shadda**, as in the case where a **Fatha**, **Damma**, or **Tanween** is combined with a **Shadda**, both marks become mixed. You can trace the mixed marks as a **Shadda** and add the proper mark above it, as shown in the following examples.

إِنَّ ← إِنَّ

الْحَقُّ ← الْحَقُّ

سَدًّا ← سَدًّا

نَصٌّ ← نَصٌّ

Numerals Used

You will encounter Eastern Arabic or Arabic-Indic numerals in this activity book. Below are the corresponding Western numerals.

Arabic-Indic Numerals	Arabic Numerals (Western)
٠	0
١	1
٢	2
٣	3
٤	4
٥	5
٦	6
٧	7
٨	8
٩	9

Let's Trace

For better learning outcomes, we recommend the following:

- Start with **Block 1** workbooks if you are a beginner.

- Avoid tracing randomly. **Follow the guidelines** provided in the Warm-up section and Block 1 workbooks to develop good handwriting habits, ensuring both speed and accuracy.

- **Pronounce** the words aloud while tracing. You may find it helpful to use an online resource to assist with pronunciation.

012 سُورَةُ يُوسُف

بِسْمِ اللَّهِ الرَّحْمَٰنِ الرَّحِيمِ

الر تِلْكَ آيَاتُ الْكِتَابِ الْمُبِينِ (١)
إِنَّا أَنْزَلْنَاهُ قُرْآنًا عَرَبِيًّا لَعَلَّكُمْ
تَعْقِلُونَ (٢) نَحْنُ نَقُصُّ عَلَيْكَ
أَحْسَنَ الْقَصَصِ بِمَا أَوْحَيْنَا إِلَيْكَ
هَٰذَا الْقُرْآنَ وَإِنْ كُنْتَ مِنْ قَبْلِهِ
لَمِنَ الْغَافِلِينَ (٣)

إِذْ قَالَ يُوسُفُ لِأَبِيهِ يَا أَبَتِ إِنِّي

رَأَيْتُ أَحَدَ عَشَرَ كَوْكَبًا وَالشَّمْسَ

وَالْقَمَرَ رَأَيْتُهُمْ لِي سَاجِدِينَ (٤)

قَالَ يَا بُنَيَّ لَا تَقْصُصْ رُؤْيَاكَ عَلَىٰ

إِخْوَتِكَ فَيَكِيدُوا لَكَ كَيْدًا إِنَّ

الشَّيْطَانَ لِلْإِنسَانِ عَدُوٌّ مُّبِينٌ (٥)

وَكَذَٰلِكَ يَجْتَبِيكَ رَبُّكَ وَيُعَلِّمُكَ

مِن تَأْوِيلِ الْأَحَادِيثِ وَيُتِمُّ نِعْمَتَهُ

عَلَيْكَ وَعَلَىٰ آلِ يَعْقُوبَ

كَمَا أَتَمَّهَا عَلَىٰ أَبَوَيْكَ مِنْ قَبْلُ

إِبْرَاهِيمَ وَإِسْحَاقَ إِنَّ رَبَّكَ عَلِيمٌ

حَكِيمٌ (٦) لَقَدْ كَانَ فِي يُوسُفَ

وَإِخْوَتِهِ آيَاتٌ لِلسَّائِلِينَ (٧) إِذْ

قَالُوا لَيُوسُفُ وَأَخُوهُ أَحَبُّ إِلَىٰ أَبِينَا

مِنَّا وَنَحْنُ عُصْبَةٌ إِنَّ أَبَانَا لَفِي

ضَلَالٍ مُبِينٍ (٨) اقْتُلُوا يُوسُفَ أَوِ

اطْرَحُوهُ أَرْضًا يَخْلُ لَكُمْ وَجْهُ

أَبِيكُمْ

وَتَكُونُوا مِنْ بَعْدِهِ قَوْمًا صَالِحِينَ

(٩) قَالَ قَائِلٌ مِنْهُمْ لَا تَقْتُلُوا يُوسُفَ

وَأَلْقُوهُ فِي غَيَابَتِ الْجُبِّ يَلْتَقِطْهُ

بَعْضُ السَّيَّارَةِ إِنْ كُنْتُمْ فَاعِلِينَ

(١٠) قَالُوا يَا أَبَانَا مَا لَكَ لَا تَأْمَنَّا

عَلَىٰ يُوسُفَ وَإِنَّا لَهُ لَنَاصِحُونَ

(١١) أَرْسِلْهُ مَعَنَا غَدًا يَرْتَعْ وَيَلْعَبْ

وَإِنَّا لَهُ لَحَافِظُونَ (١٢) قَالَ إِنِّي

لَيَحْزُنُنِي أَنْ تَذْهَبُوا بِهِ

وَأَخَافُ أَنْ يَأْكُلَهُ الذِّئْبُ وَأَنْتُمْ

عَنْهُ غَافِلُونَ (١٣) قَالُوا لَئِنْ أَكَلَهُ

الذِّئْبُ وَنَحْنُ عُصْبَةٌ إِنَّا إِذًا

لَخَاسِرُونَ (١٤) فَلَمَّا ذَهَبُوا بِهِ

وَأَجْمَعُوا أَنْ يَجْعَلُوهُ فِي غَيَابَتِ

الْجُبِّ وَأَوْحَيْنَا إِلَيْهِ لَتُنَبِّئَنَّهُمْ

بِأَمْرِهِمْ هَٰذَا وَهُمْ لَا يَشْعُرُونَ (١٥)

وَجَاءُوا أَبَاهُمْ عِشَاءً يَبْكُونَ (١٦)

قَالُوا يَا أَبَانَا إِنَّا ذَهَبْنَا نَسْتَبِقُ

وَتَرَكْنَا يُوسُفَ عِنْدَ مَتَاعِنَا فَأَكَلَهُ

الذِّئْبُ وَمَا أَنْتَ بِمُؤْمِنٍ لَنَا وَلَوْ كُنَّا

صَادِقِينَ (١٧) وَجَاءُوا عَلَىٰ قَمِيصِهِ

بِدَمٍ كَذِبٍ قَالَ بَلْ سَوَّلَتْ لَكُمْ

أَنْفُسُكُمْ أَمْرًا فَصَبْرٌ جَمِيلٌ وَاللَّهُ

الْمُسْتَعَانُ عَلَىٰ مَا تَصِفُونَ (١٨)

وَجَاءَتْ سَيَّارَةٌ فَأَرْسَلُوا وَارِدَهُمْ

فَأَدْلَىٰ دَلْوَهُ قَالَ يَا بُشْرَىٰ هَٰذَا غُلَامٌ

وَأَسَرُّوهُ بِضَاعَةً وَاللَّهُ عَلِيمٌ بِمَا

يَعْمَلُونَ (١٩) وَشَرَوْهُ بِثَمَنٍ بَخْسٍ

دَرَاهِمَ مَعْدُودَةٍ وَكَانُوا فِيهِ مِنَ

الزَّاهِدِينَ (٢٠) وَقَالَ الَّذِي اشْتَرَاهُ

مِنْ مِصْرَ لِامْرَأَتِهِ أَكْرِمِي مَثْوَاهُ

عَسَىٰ أَنْ يَنْفَعَنَا أَوْ نَتَّخِذَهُ وَلَدًا

وَكَذَٰلِكَ مَكَّنَّا لِيُوسُفَ فِي الْأَرْضِ

وَلِنُعَلِّمَهُ مِنْ تَأْوِيلِ الْأَحَادِيثِ وَاللَّهُ

غَالِبٌ عَلَىٰ أَمْرِهِ

وَلَٰكِنَّ أَكْثَرَ النَّاسِ لَا يَعْلَمُونَ

(٢١) وَلَمَّا بَلَغَ أَشُدَّهُ آتَيْنَاهُ حُكْمًا

وَعِلْمًا وَكَذَٰلِكَ نَجْزِي الْمُحْسِنِينَ

(٢٢) وَرَاوَدَتْهُ الَّتِي هُوَ فِي بَيْتِهَا

عَنْ نَفْسِهِ وَغَلَّقَتِ الْأَبْوَابَ وَقَالَتْ

هَيْتَ لَكَ قَالَ مَعَاذَ اللَّهِ إِنَّهُ رَبِّي

أَحْسَنَ مَثْوَايَ إِنَّهُ لَا يُفْلِحُ

الظَّالِمُونَ (٢٣) وَلَقَدْ هَمَّتْ بِهِ

وَهَمَّ بِهَا

لَوْلَا أَنْ رَأَىٰ بُرْهَانَ رَبِّهِ كَذَٰلِكَ

لِنَصْرِفَ عَنْهُ السُّوءَ وَالْفَحْشَاءَ إِنَّهُ

مِنْ عِبَادِنَا الْمُخْلَصِينَ (٢٤)

وَاسْتَبَقَا الْبَابَ وَقَدَّتْ قَمِيصَهُ مِنْ

دُبُرٍ وَأَلْفَيَا سَيِّدَهَا لَدَى الْبَابِ

قَالَتْ مَا جَزَاءُ مَنْ أَرَادَ بِأَهْلِكَ

سُوءًا إِلَّا أَنْ يُسْجَنَ أَوْ عَذَابٌ أَلِيمٌ

(٢٥) قَالَ هِيَ رَاوَدَتْنِي عَنْ نَفْسِي

وَشَهِدَ شَاهِدٌ مِنْ أَهْلِهَا

إِنْ كَانَ قَمِيصُهُ قُدَّ مِنْ قُبُلٍ
فَصَدَقَتْ وَهُوَ مِنَ الْكَاذِبِينَ (٢٦)
وَإِنْ كَانَ قَمِيصُهُ قُدَّ مِنْ دُبُرٍ
فَكَذَبَتْ وَهُوَ مِنَ الصَّادِقِينَ (٢٧)
فَلَمَّا رَأَىٰ قَمِيصَهُ قُدَّ مِنْ دُبُرٍ قَالَ
إِنَّهُ مِنْ كَيْدِكُنَّ إِنَّ كَيْدَكُنَّ عَظِيمٌ
هَٰذَا عَنْ أَعْرِضْ يُوسُفُ (٢٨)
وَاسْتَغْفِرِي لِذَنْبِكِ إِنَّكِ كُنْتِ مِنَ
الْخَاطِئِينَ (٢٩)

وَقَالَ نِسْوَةٌ فِي الْمَدِينَةِ امْرَأَتُ

الْعَزِيزِ تُرَاوِدُ فَتَاهَا عَنْ نَفْسِهِ قَدْ

شَغَفَهَا حُبًّا إِنَّا لَنَرَاهَا فِي ضَلَالٍ

مُبِينٍ (٣٠) فَلَمَّا سَمِعَتْ بِمَكْرِهِنَّ

أَرْسَلَتْ إِلَيْهِنَّ وَأَعْتَدَتْ لَهُنَّ مُتَّكَأً

وَآتَتْ كُلَّ وَاحِدَةٍ مِنْهُنَّ سِكِّينًا

وَقَالَتِ اخْرُجْ عَلَيْهِنَّ فَلَمَّا رَأَيْنَهُ

أَكْبَرْنَهُ وَقَطَّعْنَ أَيْدِيَهُنَّ وَقُلْنَ

حَاشَ لِلَّهِ مَا هَٰذَا بَشَرًا

إِنْ هَٰذَا إِلَّا مَلَكٌ كَرِيمٌ (٣١) قَالَتْ

فَذَٰلِكُنَّ الَّذِي لُمْتُنَّنِي فِيهِ وَلَقَدْ

رَاوَدْتُهُ عَنْ نَفْسِهِ فَاسْتَعْصَمَ وَلَئِنْ

لَمْ يَفْعَلْ مَا آمُرُهُ لَيُسْجَنَنَّ وَلَيَكُونًا

مِنَ الصَّاغِرِينَ (٣٢) قَالَ رَبِّ

السِّجْنُ أَحَبُّ إِلَيَّ مِمَّا يَدْعُونَنِي

إِلَيْهِ وَإِلَّا تَصْرِفْ عَنِّي كَيْدَهُنَّ

أَصْبُ إِلَيْهِنَّ وَأَكُنْ مِنَ الْجَاهِلِينَ

(٣٣)

فَاسْتَجَابَ لَهُ رَبُّهُ فَصَرَفَ عَنْهُ

كَيْدَهُنَّ إِنَّهُ هُوَ السَّمِيعُ الْعَلِيمُ (٣٤)

ثُمَّ بَدَا لَهُم مِّنۢ بَعْدِ مَا رَأَوُا الْآيَاتِ

لَيَسْجُنُنَّهُ حَتَّىٰ حِينٍ (٣٥) وَدَخَلَ

مَعَهُ السِّجْنَ فَتَيَانِ قَالَ أَحَدُهُمَا إِنِّي

أَرَانِي أَعْصِرُ خَمْرًا وَقَالَ الْآخَرُ إِنِّي

أَرَانِي أَحْمِلُ فَوْقَ رَأْسِي خُبْزًا تَأْكُلُ

الطَّيْرُ مِنْهُ نَبِّئْنَا بِتَأْوِيلِهِ إِنَّا نَرَاكَ مِنَ

الْمُحْسِنِينَ (٣٦)

قَالَ لَا يَأْتِيكُمَا طَعَامٌ تُرْزَقَانِهِ إِلَّا

نَبَّأْتُكُمَا بِتَأْوِيلِهِ قَبْلَ أَنْ يَأْتِيَكُمَا

ذَٰلِكُمَا مِمَّا عَلَّمَنِي رَبِّي إِنِّي تَرَكْتُ

مِلَّةَ قَوْمٍ لَا يُؤْمِنُونَ بِاللَّهِ وَهُمْ

بِالْآخِرَةِ هُمْ كَافِرُونَ (٣٧)

وَاتَّبَعْتُ مِلَّةَ آبَائِي إِبْرَاهِيمَ

وَإِسْحَاقَ وَيَعْقُوبَ مَا كَانَ لَنَا أَنْ

نُشْرِكَ بِاللَّهِ مِنْ شَيْءٍ ذَٰلِكَ مِنْ

فَضْلِ اللَّهِ عَلَيْنَا

وَعَلَى النَّاسِ وَلَٰكِنَّ أَكْثَرَ النَّاسِ لَا

يَشْكُرُونَ (٣٨) يَا صَاحِبَيِ السِّجْنِ

أَأَرْبَابٌ مُتَفَرِّقُونَ خَيْرٌ أَمِ اللَّهُ

الْوَاحِدُ الْقَهَّارُ (٣٩) مَا تَعْبُدُونَ

مِنْ دُونِهِ إِلَّا أَسْمَاءً سَمَّيْتُمُوهَا أَنْتُمْ

وَآبَاؤُكُمْ مَا أَنْزَلَ اللَّهُ بِهَا مِنْ

سُلْطَانٍ إِنِ الْحُكْمُ إِلَّا لِلَّهِ أَمَرَ أَلَّا

تَعْبُدُوا إِلَّا إِيَّاهُ ذَٰلِكَ الدِّينُ الْقَيِّمُ

وَلَٰكِنَّ أَكْثَرَ النَّاسِ لَا يَعْلَمُونَ (٤٠)

يَا صَاحِبَيِ السِّجْنِ أَمَّا أَحَدُكُمَا

فَيَسْقِي رَبَّهُ خَمْرًا وَأَمَّا الْآخَرُ

فَيُصْلَبُ فَتَأْكُلُ الطَّيْرُ مِنْ رَأْسِهِ

قُضِيَ الْأَمْرُ الَّذِي فِيهِ تَسْتَفْتِيَانِ

(٤١) وَقَالَ لِلَّذِي ظَنَّ أَنَّهُ نَاجٍ

مِنْهُمَا اذْكُرْنِي عِنْدَ رَبِّكَ فَأَنْسَاهُ

الشَّيْطَانُ ذِكْرَ رَبِّهِ فَلَبِثَ فِي

السِّجْنِ بِضْعَ سِنِينَ (٤٢) وَقَالَ

الْمَلِكُ إِنِّي أَرَىٰ سَبْعَ بَقَرَاتٍ سِمَانٍ

يَأْكُلُهُنَّ سَبْعٌ عِجَافٌ وَسَبْعَ

سُنْبُلَاتٍ خُضْرٍ وَأُخَرَ يَابِسَاتٍ يَا

أَيُّهَا الْمَلَأُ أَفْتُونِي فِي رُؤْيَايَ إِنْ

كُنْتُمْ لِلرُّؤْيَا تَعْبُرُونَ (٤٣) قَالُوا

أَضْغَاثُ أَحْلَامٍ وَمَا نَحْنُ بِتَأْوِيلِ

الْأَحْلَامِ بِعَالِمِينَ (٤٤) وَقَالَ الَّذِي

نَجَا مِنْهُمَا وَادَّكَرَ بَعْدَ أُمَّةٍ أَنَا

أُنَبِّئُكُمْ بِتَأْوِيلِهِ فَأَرْسِلُونِ (٤٥)

يُوسُفُ أَيُّهَا الصِّدِّيقُ أَفْتِنَا فِي سَبْعِ

بَقَرَاتٍ سِمَانٍ يَأْكُلُهُنَّ سَبْعٌ عِجَافٌ

وَسَبْعِ سُنْبُلَاتٍ خُضْرٍ وَأُخَرَ

يَابِسَاتٍ لَعَلِّي أَرْجِعُ إِلَى النَّاسِ

لَعَلَّهُمْ يَعْلَمُونَ (٤٦) قَالَ تَزْرَعُونَ

سَبْعَ سِنِينَ دَأَبًا فَمَا حَصَدْتُمْ فَذَرُوهُ

فِي سُنْبُلِهِ إِلَّا قَلِيلًا مِمَّا تَأْكُلُونَ

(٤٧) ثُمَّ يَأْتِي مِنْ بَعْدِ ذَٰلِكَ سَبْعٌ

شِدَادٌ يَأْكُلْنَ مَا قَدَّمْتُمْ لَهُنَّ

إِلَّا قَلِيلًا مِّمَّا تُحْصِنُونَ (٤٨) ثُمَّ

يَأْتِي مِن بَعْدِ ذَٰلِكَ عَامٌ فِيهِ يُغَاثُ

النَّاسُ وَفِيهِ يَعْصِرُونَ (٤٩) وَقَالَ

الْمَلِكُ ائْتُونِي بِهِ فَلَمَّا جَاءَهُ

الرَّسُولُ قَالَ ارْجِعْ إِلَىٰ رَبِّكَ فَاسْأَلْهُ

مَا بَالُ النِّسْوَةِ اللَّاتِي قَطَّعْنَ

أَيْدِيَهُنَّ إِنَّ رَبِّي بِكَيْدِهِنَّ عَلِيمٌ

(٥٠) قَالَ مَا خَطْبُكُنَّ إِذْ رَاوَدتُّنَّ

يُوسُفَ عَن نَّفْسِهِ

قُلْنَ حَاشَ لِلَّهِ مَا عَلِمْنَا عَلَيْهِ مِن

سُوءٍ قَالَتِ امْرَأَتُ الْعَزِيزِ الْآنَ

حَصْحَصَ الْحَقُّ أَنَا رَاوَدْتُهُ عَن

نَفْسِهِ وَإِنَّهُ لَمِنَ الصَّادِقِينَ (٥١)

ذَٰلِكَ لِيَعْلَمَ أَنِّي لَمْ أَخُنْهُ بِالْغَيْبِ

وَأَنَّ اللَّهَ لَا يَهْدِي كَيْدَ الْخَائِنِينَ

(٥٢) وَمَا أُبَرِّئُ نَفْسِي إِنَّ النَّفْسَ

لَأَمَّارَةٌ بِالسُّوءِ إِلَّا مَا رَحِمَ رَبِّي إِنَّ

رَبِّي غَفُورٌ رَحِيمٌ (٥٣)

وَقَالَ الْمَلِكُ ائْتُونِي بِهِ أَسْتَخْلِصْهُ
لِنَفْسِي فَلَمَّا كَلَّمَهُ قَالَ إِنَّكَ الْيَوْمَ
لَدَيْنَا مَكِينٌ أَمِينٌ (٥٤) قَالَ
اجْعَلْنِي عَلَىٰ خَزَائِنِ الْأَرْضِ إِنِّي
حَفِيظٌ عَلِيمٌ (٥٥) وَكَذَٰلِكَ مَكَّنَّا
لِيُوسُفَ فِي الْأَرْضِ يَتَبَوَّأُ مِنْهَا
حَيْثُ يَشَاءُ نُصِيبُ بِرَحْمَتِنَا مَنْ
نَشَاءُ وَلَا نُضِيعُ أَجْرَ الْمُحْسِنِينَ
(٥٦)

وَلَأَجْرُ الْآخِرَةِ خَيْرٌ لِلَّذِينَ آمَنُوا وَكَانُوا يَتَّقُونَ (٥٧) وَجَاءَ إِخْوَةُ يُوسُفَ فَدَخَلُوا عَلَيْهِ فَعَرَفَهُمْ وَهُمْ لَهُ مُنْكِرُونَ (٥٨) وَلَمَّا جَهَّزَهُمْ بِجَهَازِهِمْ قَالَ ائْتُونِي بِأَخٍ لَكُمْ مِنْ أَبِيكُمْ أَلَا تَرَوْنَ أَنِّي أُوفِي الْكَيْلَ وَأَنَا خَيْرُ الْمُنْزِلِينَ (٥٩) فَإِنْ لَمْ تَأْتُونِي بِهِ فَلَا كَيْلَ لَكُمْ عِنْدِي وَلَا تَقْرَبُونِ (٦٠)

قَالُوا سَنُرَاوِدُ عَنْهُ أَبَاهُ وَإِنَّا لَفَاعِلُونَ

(٦١) وَقَالَ لِفِتْيَانِهِ اجْعَلُوا

بِضَاعَتَهُمْ فِي رِحَالِهِمْ لَعَلَّهُمْ

يَعْرِفُونَهَا إِذَا انْقَلَبُوا إِلَىٰ أَهْلِهِمْ

لَعَلَّهُمْ يَرْجِعُونَ (٦٢) فَلَمَّا رَجَعُوا

إِلَىٰ أَبِيهِمْ قَالُوا يَا أَبَانَا مُنِعَ مِنَّا

الْكَيْلُ فَأَرْسِلْ مَعَنَا أَخَانَا نَكْتَلْ

وَإِنَّا لَهُ لَحَافِظُونَ (٦٣) قَالَ هَلْ

آمَنُكُمْ عَلَيْهِ

إِلَّا كَمَا أَمِنتُكُمْ عَلَىٰ أَخِيهِ مِن

قَبْلُ فَاللَّهُ خَيْرٌ حَافِظًا وَهُوَ أَرْحَمُ

الرَّاحِمِينَ (٦٤) وَلَمَّا فَتَحُوا

مَتَاعَهُمْ وَجَدُوا بِضَاعَتَهُمْ رُدَّتْ

إِلَيْهِمْ قَالُوا يَا أَبَانَا مَا نَبْغِي هَٰذِهِ

بِضَاعَتُنَا رُدَّتْ إِلَيْنَا وَنَمِيرُ أَهْلَنَا

وَنَحْفَظُ أَخَانَا وَنَزْدَادُ كَيْلَ بَعِيرٍ

ذَٰلِكَ كَيْلٌ يَسِيرٌ (٦٥) قَالَ لَنْ

أُرْسِلَهُ مَعَكُمْ

حَتَّىٰ تُؤْتُونِ مَوْثِقًا مِنَ اللَّهِ لَتَأْتُنَّنِي

بِهِ إِلَّا أَنْ يُحَاطَ بِكُمْ فَلَمَّا آتَوْهُ

مَوْثِقَهُمْ قَالَ اللَّهُ عَلَىٰ مَا نَقُولُ

وَكِيلٌ (٦٦) وَقَالَ يَا بَنِيَّ لَا

تَدْخُلُوا مِنْ بَابٍ وَاحِدٍ وَادْخُلُوا

مِنْ أَبْوَابٍ مُتَفَرِّقَةٍ وَمَا أُغْنِي

عَنْكُمْ مِنَ اللَّهِ مِنْ شَيْءٍ إِنِ

الْحُكْمُ إِلَّا لِلَّهِ عَلَيْهِ تَوَكَّلْتُ

وَعَلَيْهِ فَلْيَتَوَكَّلِ الْمُتَوَكِّلُونَ (٦٧)

وَلَمَّا دَخَلُوا مِنْ حَيْثُ أَمَرَهُمْ أَبُوهُمْ

مَا كَانَ يُغْنِي عَنْهُمْ مِنَ اللَّهِ مِنْ

شَيْءٍ إِلَّا حَاجَةً فِي نَفْسِ يَعْقُوبَ

قَضَاهَا وَإِنَّهُ لَذُو عِلْمٍ لِمَا عَلَّمْنَاهُ

وَلَٰكِنَّ أَكْثَرَ النَّاسِ لَا يَعْلَمُونَ

(٦٨) وَلَمَّا دَخَلُوا عَلَىٰ يُوسُفَ

آوَىٰ إِلَيْهِ أَخَاهُ قَالَ إِنِّي أَنَا أَخُوكَ

فَلَا تَبْتَئِسْ بِمَا كَانُوا يَعْمَلُونَ (٦٩)

فَلَمَّا جَهَّزَهُم بِجَهَازِهِمْ جَعَلَ السِّقَايَةَ فِى رَحْلِ أَخِيهِ ثُمَّ أَذَّنَ مُؤَذِّنٌ أَيَّتُهَا الْعِيرُ إِنَّكُمْ لَسَارِقُونَ ﴿٧٠﴾ قَالُوا وَأَقْبَلُوا عَلَيْهِم مَّاذَا تَفْقِدُونَ ﴿٧١﴾ قَالُوا نَفْقِدُ صُوَاعَ الْمَلِكِ وَلِمَن جَاءَ بِهِ حِمْلُ بَعِيرٍ وَأَنَا بِهِ زَعِيمٌ ﴿٧٢﴾ قَالُوا تَاللَّهِ لَقَدْ عَلِمْتُم مَّا جِئْنَا لِنُفْسِدَ فِى الْأَرْضِ وَمَا كُنَّا سَارِقِينَ ﴿٧٣﴾

قَالُوا فَمَا جَزَاؤُهُ إِنْ كُنْتُمْ كَاذِبِينَ

(٧٤) قَالُوا جَزَاؤُهُ مَنْ وُجِدَ فِي

رَحْلِهِ فَهُوَ جَزَاؤُهُ كَذَٰلِكَ نَجْزِي

الظَّالِمِينَ (٧٥) فَبَدَأَ بِأَوْعِيَتِهِمْ قَبْلَ

وِعَاءِ أَخِيهِ ثُمَّ اسْتَخْرَجَهَا مِنْ وِعَاءِ

أَخِيهِ كَذَٰلِكَ كِدْنَا لِيُوسُفَ مَا كَانَ

لِيَأْخُذَ أَخَاهُ فِي دِينِ الْمَلِكِ إِلَّا أَنْ

يَشَاءَ اللَّهُ نَرْفَعُ دَرَجَاتٍ مَنْ نَشَاءُ

وَفَوْقَ كُلِّ ذِي عِلْمٍ عَلِيمٌ (٧٦)

قَالُوا إِنْ يَسْرِقْ فَقَدْ سَرَقَ أَخٌ لَهُ

مِنْ قَبْلُ فَأَسَرَّهَا يُوسُفُ فِي نَفْسِهِ

وَلَمْ يُبْدِهَا لَهُمْ قَالَ أَنْتُمْ شَرٌّ مَكَانًا

وَاللَّهُ أَعْلَمُ بِمَا تَصِفُونَ (٧٧) قَالُوا

يَا أَيُّهَا الْعَزِيزُ إِنَّ لَهُ أَبًا شَيْخًا كَبِيرًا

فَخُذْ أَحَدَنَا مَكَانَهُ إِنَّا نَرَاكَ مِنَ

الْمُحْسِنِينَ (٧٨) قَالَ مَعَاذَ اللَّهِ أَنْ

نَأْخُذَ إِلَّا مَنْ وَجَدْنَا مَتَاعَنَا عِنْدَهُ

إِنَّا إِذًا لَظَالِمُونَ (٧٩)

فَلَمَّا اسْتَيْأَسُوا مِنْهُ خَلَصُوا نَجِيًّا

قَالَ كَبِيرُهُمْ أَلَمْ تَعْلَمُوا أَنَّ أَبَاكُمْ

قَدْ أَخَذَ عَلَيْكُم مَّوْثِقًا مِّنَ اللَّهِ

وَمِن قَبْلُ مَا فَرَّطتُمْ فِي يُوسُفَ فَلَنْ

أَبْرَحَ الْأَرْضَ حَتَّىٰ يَأْذَنَ لِي أَبِي أَوْ

يَحْكُمَ اللَّهُ لِي وَهُوَ خَيْرُ

الْحَاكِمِينَ (٨٠) ارْجِعُوا إِلَىٰ

أَبِيكُمْ فَقُولُوا يَا أَبَانَا إِنَّ ابْنَكَ سَرَقَ

وَمَا شَهِدْنَا إِلَّا بِمَا عَلِمْنَا

وَمَا كُنَّا لِلْغَيْبِ حَافِظِينَ (٨١)

وَاسْأَلِ الْقَرْيَةَ الَّتِي كُنَّا فِيهَا وَالْعِيرَ

الَّتِي أَقْبَلْنَا فِيهَا وَإِنَّا لَصَادِقُونَ

(٨٢) قَالَ بَلْ سَوَّلَتْ لَكُمْ أَنْفُسُكُمْ

أَمْرًا فَصَبْرٌ جَمِيلٌ عَسَى اللَّهُ أَنْ

يَأْتِيَنِي بِهِمْ جَمِيعًا إِنَّهُ هُوَ الْعَلِيمُ

الْحَكِيمُ (٨٣) وَتَوَلَّى عَنْهُمْ وَقَالَ

يَا أَسَفَى عَلَى يُوسُفَ وَابْيَضَّتْ

عَيْنَاهُ مِنَ الْحُزْنِ فَهُوَ كَظِيمٌ (٨٤)

قَالُوا تَاللَّهِ تَفْتَأُ تَذْكُرُ يُوسُفَ حَتَّىٰ

تَكُونَ حَرَضًا أَوْ تَكُونَ مِنَ

الْهَالِكِينَ (٨٥) قَالَ إِنَّمَا أَشْكُو

بَثِّي وَحُزْنِي إِلَى اللَّهِ وَأَعْلَمُ مِنَ

اللَّهِ مَا لَا تَعْلَمُونَ (٨٦) يَا بَنِيَّ

اذْهَبُوا فَتَحَسَّسُوا مِن يُوسُفَ

وَأَخِيهِ وَلَا تَيْأَسُوا مِن رَّوْحِ اللَّهِ إِنَّهُ

لَا يَيْأَسُ مِن رَّوْحِ اللَّهِ إِلَّا الْقَوْمُ

الْكَافِرُونَ (٨٧)

فَلَمَّا دَخَلُوا عَلَيْهِ قَالُوا يَا أَيُّهَا

الْعَزِيزُ مَسَّنَا وَأَهْلَنَا الضُّرُّ وَجِئْنَا

بِبِضَاعَةٍ مُزْجَاةٍ فَأَوْفِ لَنَا الْكَيْلَ

وَتَصَدَّقْ عَلَيْنَا إِنَّ اللَّهَ يَجْزِي

الْمُتَصَدِّقِينَ (٨٨) قَالَ هَلْ عَلِمْتُمْ

مَا فَعَلْتُمْ بِيُوسُفَ وَأَخِيهِ إِذْ أَنْتُمْ

جَاهِلُونَ (٨٩) قَالُوا أَإِنَّكَ لَأَنْتَ

يُوسُفُ قَالَ أَنَا يُوسُفُ وَهَٰذَا أَخِي

قَدْ مَنَّ اللَّهُ عَلَيْنَا

إِنَّهُ مَنْ يَتَّقِ وَيَصْبِرْ فَإِنَّ اللَّهَ لَا
يُضِيعُ أَجْرَ الْمُحْسِنِينَ (٩٠) قَالُوا
تَاللَّهِ لَقَدْ آثَرَكَ اللَّهُ عَلَيْنَا وَإِنْ كُنَّا
لَخَاطِئِينَ (٩١) قَالَ لَا تَثْرِيبَ
عَلَيْكُمُ الْيَوْمَ يَغْفِرُ اللَّهُ لَكُمْ وَهُوَ
أَرْحَمُ الرَّاحِمِينَ (٩٢) اذْهَبُوا
بِقَمِيصِي هَٰذَا فَأَلْقُوهُ عَلَىٰ وَجْهِ أَبِي
يَأْتِ بَصِيرًا وَأْتُونِي بِأَهْلِكُمْ
أَجْمَعِينَ (٩٣)

وَلَمَّا فَصَلَتِ الْعِيرُ قَالَ أَبُوهُمْ إِنِّي
لَأَجِدُ رِيحَ يُوسُفَ لَوْلَا أَنْ تُفَنِّدُونِ
(٩٤) قَالُوا تَاللَّهِ إِنَّكَ لَفِي ضَلَالِكَ
الْقَدِيمِ (٩٥) فَلَمَّا أَنْ جَاءَ الْبَشِيرُ
أَلْقَاهُ عَلَىٰ وَجْهِهِ فَارْتَدَّ بَصِيرًا قَالَ
أَلَمْ أَقُلْ لَكُمْ إِنِّي أَعْلَمُ مِنَ اللَّهِ مَا
لَا تَعْلَمُونَ (٩٦) قَالُوا يَا أَبَانَا
اسْتَغْفِرْ لَنَا ذُنُوبَنَا إِنَّا كُنَّا خَاطِئِينَ
(٩٧)

قَالَ سَوْفَ أَسْتَغْفِرُ لَكُمْ رَبِّي إِنَّهُ هُوَ
الْغَفُورُ الرَّحِيمُ (٩٨) فَلَمَّا دَخَلُوا
عَلَىٰ يُوسُفَ آوَىٰ إِلَيْهِ أَبَوَيْهِ وَقَالَ
ادْخُلُوا مِصْرَ إِنْ شَاءَ اللَّهُ آمِنِينَ
(٩٩) وَرَفَعَ أَبَوَيْهِ عَلَى الْعَرْشِ
وَخَرُّوا لَهُ سُجَّدًا وَقَالَ يَا أَبَتِ هَٰذَا
تَأْوِيلُ رُؤْيَايَ مِنْ قَبْلُ قَدْ جَعَلَهَا
رَبِّي حَقًّا وَقَدْ أَحْسَنَ بِي إِذْ
أَخْرَجَنِي مِنَ السِّجْنِ

وَجَاءَ بِكُم مِنَ الْبَدْوِ مِنْ بَعْدِ أَنْ

نَزَغَ الشَّيْطَانُ بَيْنِي وَبَيْنَ إِخْوَتِي

إِنَّ رَبِّي لَطِيفٌ لِمَا يَشَاءُ إِنَّهُ هُوَ

الْعَلِيمُ الْحَكِيمُ (١٠٠) رَبِّ قَدْ

آتَيْتَنِي مِنَ الْمُلْكِ وَعَلَّمْتَنِي مِنْ

تَأْوِيلِ الْأَحَادِيثِ فَاطِرَ السَّمَاوَاتِ

وَالْأَرْضِ أَنْتَ وَلِيِّي فِي الدُّنْيَا

وَالْآخِرَةِ تَوَفَّنِي مُسْلِمًا وَأَلْحِقْنِي

بِالصَّالِحِينَ (١٠١)

ذَٰلِكَ مِنْ أَنبَاءِ الْغَيْبِ نُوحِيهِ إِلَيْكَ

وَمَا كُنتَ لَدَيْهِمْ إِذْ أَجْمَعُوا أَمْرَهُمْ

وَهُمْ يَمْكُرُونَ (١٠٢) وَمَا أَكْثَرُ

النَّاسِ وَلَوْ حَرَصْتَ بِمُؤْمِنِينَ

(١٠٣) وَمَا تَسْأَلُهُمْ عَلَيْهِ مِنْ أَجْرٍ

إِنْ هُوَ إِلَّا ذِكْرٌ لِّلْعَالَمِينَ (١٠٤)

وَكَأَيِّن مِّنْ آيَةٍ فِي السَّمَاوَاتِ

وَالْأَرْضِ يَمُرُّونَ عَلَيْهَا وَهُمْ عَنْهَا

مُعْرِضُونَ (١٠٥)

وَمَا يُؤْمِنُ أَكْثَرُهُمْ بِاللَّهِ إِلَّا وَهُمْ
مُشْرِكُونَ (١٠٦) أَفَأَمِنُوا أَنْ تَأْتِيَهُمْ
غَاشِيَةٌ مِنْ عَذَابِ اللَّهِ أَوْ تَأْتِيَهُمُ
السَّاعَةُ بَغْتَةً وَهُمْ لَا يَشْعُرُونَ
(١٠٧) قُلْ هَٰذِهِ سَبِيلِي أَدْعُو إِلَى
اللَّهِ عَلَىٰ بَصِيرَةٍ أَنَا وَمَنِ اتَّبَعَنِي
وَسُبْحَانَ اللَّهِ وَمَا أَنَا مِنَ
الْمُشْرِكِينَ (١٠٨) وَمَا أَرْسَلْنَا مِنْ
قَبْلِكَ إِلَّا رِجَالًا نُوحِي إِلَيْهِمْ

مِنْ أَهْلِ الْقُرَىٰ أَفَلَمْ يَسِيرُوا فِي

الْأَرْضِ فَيَنْظُرُوا كَيْفَ كَانَ عَاقِبَةُ

الَّذِينَ مِنْ قَبْلِهِمْ وَلَدَارُ الْآخِرَةِ خَيْرٌ

لِلَّذِينَ اتَّقَوْا أَفَلَا تَعْقِلُونَ (١٠٩)

حَتَّىٰ إِذَا اسْتَيْأَسَ الرُّسُلُ وَظَنُّوا

أَنَّهُمْ قَدْ كُذِبُوا جَاءَهُمْ نَصْرُنَا

فَنُجِّيَ مَنْ نَشَاءُ وَلَا يُرَدُّ بَأْسُنَا عَنِ

الْقَوْمِ الْمُجْرِمِينَ (١١٠) لَقَدْ كَانَ

فِي قَصَصِهِمْ عِبْرَةٌ لِأُولِي الْأَلْبَابِ

مَا كَانَ حَدِيثًا يُفْتَرَىٰ وَلَٰكِن

تَصْدِيقَ الَّذِي بَيْنَ يَدَيْهِ وَتَفْصِيلَ

كُلِّ شَيْءٍ وَهُدًى وَرَحْمَةً لِقَوْمٍ

يُؤْمِنُونَ (١١١)

013 سُورَةُ الرَّعْدِ

بِسْمِ اللَّهِ الرَّحْمَٰنِ الرَّحِيمِ

الٓمٓر تِلْكَ آيَاتُ الْكِتَابِ وَالَّذِي
أُنْزِلَ إِلَيْكَ مِنْ رَبِّكَ الْحَقُّ وَلَٰكِنَّ
أَكْثَرَ النَّاسِ لَا يُؤْمِنُونَ (١) اللَّهُ
الَّذِي رَفَعَ السَّمَاوَاتِ بِغَيْرِ عَمَدٍ
تَرَوْنَهَا ثُمَّ اسْتَوَىٰ عَلَى الْعَرْشِ

وَسَخَّرَ الشَّمْسَ وَالْقَمَرَ كُلٌّ يَجْرِي

لِأَجَلٍ مُسَمًّى يُدَبِّرُ الْأَمْرَ يُفَصِّلُ

الْآيَاتِ لَعَلَّكُمْ بِلِقَاءِ رَبِّكُمْ تُوقِنُونَ

(٢) وَهُوَ الَّذِي مَدَّ الْأَرْضَ وَجَعَلَ

فِيهَا رَوَاسِيَ وَأَنْهَارًا وَمِنْ كُلِّ

الثَّمَرَاتِ جَعَلَ فِيهَا زَوْجَيْنِ اثْنَيْنِ

يُغْشِي اللَّيْلَ النَّهَارَ إِنَّ فِي ذَٰلِكَ

لَآيَاتٍ لِقَوْمٍ يَتَفَكَّرُونَ (٣) وَفِي

الْأَرْضِ قِطَعٌ مُتَجَاوِرَاتٌ

وَجَنَّاتٌ مِنْ أَعْنَابٍ وَزَرْعٌ وَنَخِيلٌ

صِنْوَانٌ وَغَيْرُ صِنْوَانٍ يُسْقَىٰ بِمَاءٍ

وَاحِدٍ وَنُفَضِّلُ بَعْضَهَا عَلَىٰ بَعْضٍ

فِي الْأُكُلِ إِنَّ فِي ذَٰلِكَ لَآيَاتٍ لِقَوْمٍ

يَعْقِلُونَ (٤) وَإِنْ تَعْجَبْ فَعَجَبٌ

قَوْلُهُمْ أَإِذَا كُنَّا تُرَابًا أَإِنَّا لَفِي خَلْقٍ

جَدِيدٍ أُولَٰئِكَ الَّذِينَ كَفَرُوا بِرَبِّهِمْ

وَأُولَٰئِكَ الْأَغْلَالُ فِي أَعْنَاقِهِمْ

وَأُولَٰئِكَ أَصْحَابُ النَّارِ

هُمْ فِيهَا خَالِدُونَ (٥)

وَيَسْتَعْجِلُونَكَ بِالسَّيِّئَةِ قَبْلَ

الْحَسَنَةِ وَقَدْ خَلَتْ مِنْ قَبْلِهِمُ

الْمَثُلَاتُ وَإِنَّ رَبَّكَ لَذُو مَغْفِرَةٍ

لِلنَّاسِ عَلَىٰ ظُلْمِهِمْ وَإِنَّ رَبَّكَ

لَشَدِيدُ الْعِقَابِ (٦) وَيَقُولُ الَّذِينَ

كَفَرُوا لَوْلَا أُنْزِلَ عَلَيْهِ آيَةٌ مِنْ رَبِّهِ

إِنَّمَا أَنْتَ مُنْذِرٌ وَلِكُلِّ قَوْمٍ هَادٍ (٧)

اللَّهُ يَعْلَمُ مَا تَحْمِلُ كُلُّ أُنْثَىٰ وَمَا

تَغِيضُ الْأَرْحَامُ وَمَا تَزْدَادُ وَكُلُّ

شَيْءٍ عِنْدَهُ بِمِقْدَارٍ (٨) عَالِمُ

الْغَيْبِ وَالشَّهَادَةِ الْكَبِيرُ الْمُتَعَالِ

(٩) سَوَاءٌ مِنْكُمْ مَنْ أَسَرَّ الْقَوْلَ

وَمَنْ جَهَرَ بِهِ وَمَنْ هُوَ مُسْتَخْفٍ

بِاللَّيْلِ وَسَارِبٌ بِالنَّهَارِ (١٠) لَهُ

مُعَقِّبَاتٌ مِنْ بَيْنِ يَدَيْهِ وَمِنْ خَلْفِهِ

يَحْفَظُونَهُ مِنْ أَمْرِ اللَّهِ

إِنَّ اللَّهَ لَا يُغَيِّرُ مَا بِقَوْمٍ حَتَّىٰ

يُغَيِّرُوا مَا بِأَنْفُسِهِمْ وَإِذَا أَرَادَ اللَّهُ

بِقَوْمٍ سُوءًا فَلَا مَرَدَّ لَهُ وَمَا لَهُمْ مِنْ

دُونِهِ مِنْ وَالٍ (١١) هُوَ الَّذِي

يُرِيكُمُ الْبَرْقَ خَوْفًا وَطَمَعًا وَيُنْشِئُ

السَّحَابَ الثِّقَالَ (١٢) وَيُسَبِّحُ

الرَّعْدُ بِحَمْدِهِ وَالْمَلَائِكَةُ مِنْ

خِيفَتِهِ وَيُرْسِلُ الصَّوَاعِقَ فَيُصِيبُ

بِهَا مَنْ يَشَاءُ

وَهُمْ يُجَادِلُونَ فِي اللَّهِ وَهُوَ شَدِيدُ

الْمِحَالِ (١٣) لَهُ دَعْوَةُ الْحَقِّ وَالَّذِينَ

يَدْعُونَ مِنْ دُونِهِ لَا يَسْتَجِيبُونَ لَهُمْ

بِشَيْءٍ إِلَّا كَبَاسِطِ كَفَّيْهِ إِلَى الْمَاءِ

لِيَبْلُغَ فَاهُ وَمَا هُوَ بِبَالِغِهِ وَمَا دُعَاءُ

الْكَافِرِينَ إِلَّا فِي ضَلَالٍ (١٤) وَلِلَّهِ

يَسْجُدُ مَنْ فِي السَّمَاوَاتِ وَالْأَرْضِ

طَوْعًا وَكَرْهًا وَظِلَالُهُمْ بِالْغُدُوِّ

وَالْآصَالِ (١٥)

قُلْ مَنْ رَبُّ السَّمَاوَاتِ وَالْأَرْضِ قُلِ
اللَّهُ قُلْ أَفَاتَّخَذْتُمْ مِنْ دُونِهِ أَوْلِيَاءَ
لَا يَمْلِكُونَ لِأَنْفُسِهِمْ نَفْعًا وَلَا ضَرًّا
قُلْ هَلْ يَسْتَوِي الْأَعْمَىٰ وَالْبَصِيرُ أَمْ
هَلْ تَسْتَوِي الظُّلُمَاتُ وَالنُّورُ أَمْ
جَعَلُوا لِلَّهِ شُرَكَاءَ خَلَقُوا كَخَلْقِهِ
فَتَشَابَهَ الْخَلْقُ عَلَيْهِمْ قُلِ اللَّهُ
خَالِقُ كُلِّ شَيْءٍ وَهُوَ الْوَاحِدُ الْقَهَّارُ
(١٦)

أَنزَلَ مِنَ السَّمَاءِ مَاءً فَسَالَتْ أَوْدِيَةٌ
بِقَدَرِهَا فَاحْتَمَلَ السَّيْلُ زَبَدًا رَّابِيًا
وَمِمَّا يُوقِدُونَ عَلَيْهِ فِي النَّارِ ابْتِغَاءَ
حِلْيَةٍ أَوْ مَتَاعٍ زَبَدٌ مِّثْلُهُ كَذَٰلِكَ
يَضْرِبُ اللَّهُ الْحَقَّ وَالْبَاطِلَ فَأَمَّا
الزَّبَدُ فَيَذْهَبُ جُفَاءً وَأَمَّا مَا يَنفَعُ
النَّاسَ فَيَمْكُثُ فِي الْأَرْضِ كَذَٰلِكَ
يَضْرِبُ اللَّهُ الْأَمْثَالَ (١٧) لِلَّذِينَ
اسْتَجَابُوا لِرَبِّهِمُ الْحُسْنَىٰ

وَالَّذِينَ لَمْ يَسْتَجِيبُوا لَهُ لَوْ أَنَّ لَهُمْ
مَا فِي الْأَرْضِ جَمِيعًا وَمِثْلَهُ مَعَهُ
لَافْتَدَوْا بِهِ أُولَٰئِكَ لَهُمْ سُوءُ
الْحِسَابِ وَمَأْوَاهُمْ جَهَنَّمُ وَبِئْسَ
الْمِهَادُ (١٨) أَفَمَنْ يَعْلَمُ أَنَّمَا أُنْزِلَ
إِلَيْكَ مِنْ رَبِّكَ الْحَقُّ كَمَنْ هُوَ
أَعْمَىٰ إِنَّمَا يَتَذَكَّرُ أُولُو الْأَلْبَابِ
(١٩) الَّذِينَ يُوفُونَ بِعَهْدِ اللَّهِ وَلَا
يَنْقُضُونَ الْمِيثَاقَ (٢٠)

وَالَّذِينَ يَصِلُونَ مَا أَمَرَ اللَّهُ بِهِ أَنْ
يُوصَلَ وَيَخْشَوْنَ رَبَّهُمْ وَيَخَافُونَ
سُوءَ الْحِسَابِ (٢١) وَالَّذِينَ صَبَرُوا
ابْتِغَاءَ وَجْهِ رَبِّهِمْ وَأَقَامُوا الصَّلَاةَ
وَأَنْفَقُوا مِمَّا رَزَقْنَاهُمْ سِرًّا وَعَلَانِيَةً
وَيَدْرَءُونَ بِالْحَسَنَةِ السَّيِّئَةَ أُولَٰئِكَ
لَهُمْ عُقْبَى الدَّارِ (٢٢) جَنَّاتُ
عَدْنٍ يَدْخُلُونَهَا وَمَنْ صَلَحَ مِنْ
آبَائِهِمْ وَأَزْوَاجِهِمْ وَذُرِّيَّاتِهِمْ

وَالْمَلَائِكَةُ يَدْخُلُونَ عَلَيْهِم مِّن كُلِّ

بَابٍ (٢٣) سَلَامٌ عَلَيْكُم بِمَا

صَبَرْتُمْ فَنِعْمَ عُقْبَى الدَّارِ (٢٤)

وَالَّذِينَ يَنقُضُونَ عَهْدَ اللَّهِ مِن بَعْدِ

مِيثَاقِهِ وَيَقْطَعُونَ مَا أَمَرَ اللَّهُ بِهِ أَن

يُوصَلَ وَيُفْسِدُونَ فِي الْأَرْضِ

أُولَٰئِكَ لَهُمُ اللَّعْنَةُ وَلَهُمْ سُوءُ الدَّارِ

(٢٥) اللَّهُ يَبْسُطُ الرِّزْقَ لِمَن يَشَاءُ

وَيَقْدِرُ وَفَرِحُوا بِالْحَيَاةِ الدُّنْيَا

وَمَا الْحَيَاةُ الدُّنْيَا فِي الْآخِرَةِ إِلَّا

مَتَاعٌ (٢٦) وَيَقُولُ الَّذِينَ كَفَرُوا

لَوْلَا أُنْزِلَ عَلَيْهِ آيَةٌ مِنْ رَبِّهِ قُلْ إِنَّ

اللَّهَ يُضِلُّ مَنْ يَشَاءُ وَيَهْدِي إِلَيْهِ

مَنْ أَنَابَ (٢٧) الَّذِينَ آمَنُوا

وَتَطْمَئِنُّ قُلُوبُهُمْ بِذِكْرِ اللَّهِ أَلَا

بِذِكْرِ اللَّهِ تَطْمَئِنُّ الْقُلُوبُ (٢٨)

الَّذِينَ آمَنُوا وَعَمِلُوا الصَّالِحَاتِ

طُوبَىٰ لَهُمْ وَحُسْنُ مَآبٍ (٢٩)

كَذَٰلِكَ أَرْسَلْنَاكَ فِي أُمَّةٍ قَدْ خَلَتْ
مِن قَبْلِهَا أُمَمٌ لِّتَتْلُوَ عَلَيْهِمُ الَّذِي
أَوْحَيْنَا إِلَيْكَ وَهُمْ يَكْفُرُونَ
بِالرَّحْمَٰنِ قُلْ هُوَ رَبِّي لَا إِلَٰهَ إِلَّا هُوَ
عَلَيْهِ تَوَكَّلْتُ وَإِلَيْهِ مَتَابِ (٣٠)
وَلَوْ أَنَّ قُرْآنًا سُيِّرَتْ بِهِ الْجِبَالُ أَوْ
قُطِّعَتْ بِهِ الْأَرْضُ أَوْ كُلِّمَ بِهِ
الْمَوْتَىٰ بَل لِّلَّهِ الْأَمْرُ جَمِيعًا أَفَلَمْ
يَيْأَسِ الَّذِينَ آمَنُوا

أَنْ لَوْ يَشَاءُ اللَّهُ لَهَدَى النَّاسَ

جَمِيعًا وَلَا يَزَالُ الَّذِينَ كَفَرُوا

تُصِيبُهُمْ بِمَا صَنَعُوا قَارِعَةٌ أَوْ تَحُلُّ

قَرِيبًا مِنْ دَارِهِمْ حَتَّى يَأْتِيَ وَعْدُ

اللَّهِ إِنَّ اللَّهَ لَا يُخْلِفُ الْمِيعَادَ

(٣١) وَلَقَدِ اسْتُهْزِئَ بِرُسُلٍ مِنْ

قَبْلِكَ فَأَمْلَيْتُ لِلَّذِينَ كَفَرُوا ثُمَّ

أَخَذْتُهُمْ فَكَيْفَ كَانَ عِقَابِ (٣٢)

أَفَمَنْ هُوَ قَائِمٌ عَلَى كُلِّ نَفْسٍ

بِمَا كَسَبَتْ وَجَعَلُوا لِلَّهِ شُرَكَاءَ قُلْ

سَمُّوهُمْ أَمْ تُنَبِّئُونَهُ بِمَا لَا يَعْلَمُ فِي

الْأَرْضِ أَمْ بِظَاهِرٍ مِنَ الْقَوْلِ بَلْ زُيِّنَ

لِلَّذِينَ كَفَرُوا مَكْرُهُمْ وَصُدُّوا عَنِ

السَّبِيلِ وَمَنْ يُضْلِلِ اللَّهُ فَمَا لَهُ مِنْ

هَادٍ (٣٣) لَهُمْ عَذَابٌ فِي الْحَيَاةِ

الدُّنْيَا وَلَعَذَابُ الْآخِرَةِ أَشَقُّ وَمَا

لَهُمْ مِنَ اللَّهِ مِنْ وَاقٍ (٣٤) مَثَلُ

الْجَنَّةِ الَّتِي وُعِدَ الْمُتَّقُونَ

تَجْرِي مِنْ تَحْتِهَا الْأَنْهَارُ أُكُلُهَا

دَائِمٌ وَظِلُّهَا تِلْكَ عُقْبَى الَّذِينَ اتَّقَوْا

وَعُقْبَى الْكَافِرِينَ النَّارُ (٣٥)

وَالَّذِينَ آتَيْنَاهُمُ الْكِتَابَ يَفْرَحُونَ

بِمَا أُنْزِلَ إِلَيْكَ وَمِنَ الْأَحْزَابِ مَنْ

يُنْكِرُ بَعْضَهُ قُلْ إِنَّمَا أُمِرْتُ أَنْ

أَعْبُدَ اللَّهَ وَلَا أُشْرِكَ بِهِ إِلَيْهِ أَدْعُو

وَإِلَيْهِ مَآبِ (٣٦) وَكَذَٰلِكَ أَنْزَلْنَاهُ

حُكْمًا عَرَبِيًّا

وَلَئِنِ اتَّبَعْتَ أَهْوَاءَهُم بَعْدَ مَا

جَاءَكَ مِنَ الْعِلْمِ مَا لَكَ مِنَ اللَّهِ

مِن وَلِيٍّ وَلَا وَاقٍ (٣٧) وَلَقَدْ

أَرْسَلْنَا رُسُلًا مِّن قَبْلِكَ وَجَعَلْنَا لَهُمْ

أَزْوَاجًا وَذُرِّيَّةً وَمَا كَانَ لِرَسُولٍ أَن

يَأْتِيَ بِآيَةٍ إِلَّا بِإِذْنِ اللَّهِ لِكُلِّ أَجَلٍ

كِتَابٌ (٣٨) يَمْحُو اللَّهُ مَا يَشَاءُ

وَيُثْبِتُ وَعِندَهُ أُمُّ الْكِتَابِ (٣٩)

وَإِن مَّا نُرِيَنَّكَ بَعْضَ الَّذِي نَعِدُهُمْ

أَوْ نَتَوَفَّيَنَّكَ فَإِنَّمَا عَلَيْكَ الْبَلَاغُ وَعَلَيْنَا الْحِسَابُ (٤٠) أَوَلَمْ يَرَوْا أَنَّا نَأْتِي الْأَرْضَ نَنْقُصُهَا مِنْ أَطْرَافِهَا وَاللَّهُ يَحْكُمُ لَا مُعَقِّبَ لِحُكْمِهِ وَهُوَ سَرِيعُ الْحِسَابِ (٤١) وَقَدْ مَكَرَ الَّذِينَ مِنْ قَبْلِهِمْ فَلِلَّهِ الْمَكْرُ جَمِيعًا يَعْلَمُ مَا تَكْسِبُ كُلُّ نَفْسٍ وَسَيَعْلَمُ الْكُفَّارُ لِمَنْ عُقْبَى الدَّارِ (٤٢)

وَيَقُولُ الَّذِينَ كَفَرُوا لَسْتَ مُرْسَلًا ۚ قُلْ كَفَىٰ بِاللَّهِ شَهِيدًا بَيْنِي وَبَيْنَكُمْ وَمَنْ عِنْدَهُ عِلْمُ الْكِتَابِ (٤٣)

014 سُورَةُ ابْرَاهِيم

بِسْمِ اللَّهِ الرَّحْمَٰنِ الرَّحِيم

الٓر كِتَابٌ أَنْزَلْنَاهُ إِلَيْكَ لِتُخْرِجَ
النَّاسَ مِنَ الظُّلُمَاتِ إِلَى النُّورِ
بِإِذْنِ رَبِّهِمْ إِلَىٰ صِرَاطِ الْعَزِيزِ
الْحَمِيدِ (١) اللَّهِ الَّذِي لَهُ مَا فِي
السَّمَاوَاتِ وَمَا فِي الْأَرْضِ وَوَيْلٌ
لِلْكَافِرِينَ مِنْ عَذَابٍ شَدِيدٍ (٢)

الَّذِينَ يَسْتَحِبُّونَ الْحَيَاةَ الدُّنْيَا عَلَى

الْآخِرَةِ وَيَصُدُّونَ عَنْ سَبِيلِ اللَّهِ

وَيَبْغُونَهَا عِوَجًا أُولَٰئِكَ فِي ضَلَالٍ

بَعِيدٍ (٣) وَمَا أَرْسَلْنَا مِنْ رَسُولٍ إِلَّا

بِلِسَانِ قَوْمِهِ لِيُبَيِّنَ لَهُمْ فَيُضِلُّ اللَّهُ

مَنْ يَشَاءُ وَيَهْدِي مَنْ يَشَاءُ وَهُوَ

الْعَزِيزُ الْحَكِيمُ (٤) وَلَقَدْ أَرْسَلْنَا

مُوسَىٰ بِآيَاتِنَا أَنْ أَخْرِجْ قَوْمَكَ مِنَ

الظُّلُمَاتِ إِلَى النُّورِ

وَذَكِّرْهُم بِأَيَّامِ اللَّهِ إِنَّ فِي ذَٰلِكَ

لَآيَاتٍ لِّكُلِّ صَبَّارٍ شَكُورٍ (٥) وَإِذْ

قَالَ مُوسَىٰ لِقَوْمِهِ اذْكُرُوا نِعْمَةَ اللَّهِ

عَلَيْكُمْ إِذْ أَنجَاكُم مِّنْ آلِ فِرْعَوْنَ

يَسُومُونَكُمْ سُوءَ الْعَذَابِ وَيُذَبِّحُونَ

أَبْنَاءَكُمْ وَيَسْتَحْيُونَ نِسَاءَكُمْ وَفِي

ذَٰلِكُم بَلَاءٌ مِّن رَّبِّكُمْ عَظِيمٌ (٦)

وَإِذْ تَأَذَّنَ رَبُّكُمْ لَئِن شَكَرْتُمْ

لَأَزِيدَنَّكُمْ

وَلَئِنْ كَفَرْتُمْ إِنَّ عَذَابِي لَشَدِيدٌ

(٧) وَقَالَ مُوسَىٰ إِنْ تَكْفُرُوا أَنْتُمْ

وَمَنْ فِي الْأَرْضِ جَمِيعًا فَإِنَّ اللَّهَ

لَغَنِيٌّ حَمِيدٌ (٨) أَلَمْ يَأْتِكُمْ نَبَأُ

الَّذِينَ مِنْ قَبْلِكُمْ قَوْمِ نُوحٍ وَعَادٍ

وَثَمُودَ وَالَّذِينَ مِنْ بَعْدِهِمْ لَا

يَعْلَمُهُمْ إِلَّا اللَّهُ جَاءَتْهُمْ رُسُلُهُمْ

بِالْبَيِّنَاتِ فَرَدُّوا أَيْدِيَهُمْ فِي أَفْوَاهِهِمْ

وَقَالُوا إِنَّا كَفَرْنَا بِمَا أُرْسِلْتُمْ بِهِ

وَإِنَّا لَفِي شَكٍّ مِمَّا تَدْعُونَنَا إِلَيْهِ

مُرِيبٍ (٩) قَالَتْ رُسُلُهُمْ أَفِي اللَّهِ

شَكٌّ فَاطِرِ السَّمَاوَاتِ وَالْأَرْضِ

يَدْعُوكُمْ لِيَغْفِرَ لَكُمْ مِنْ ذُنُوبِكُمْ

وَيُؤَخِّرَكُمْ إِلَىٰ أَجَلٍ مُسَمًّى قَالُوا

إِنْ أَنْتُمْ إِلَّا بَشَرٌ مِثْلُنَا تُرِيدُونَ أَنْ

تَصُدُّونَا عَمَّا كَانَ يَعْبُدُ آبَاؤُنَا

فَأْتُونَا بِسُلْطَانٍ مُبِينٍ (١٠)

قَالَتْ لَهُمْ رُسُلُهُمْ إِنْ نَحْنُ إِلَّا بَشَرٌ

مِثْلُكُمْ وَلَٰكِنَّ اللَّهَ يَمُنُّ عَلَىٰ مَنْ

يَشَاءُ مِنْ عِبَادِهِ وَمَا كَانَ لَنَا أَنْ

نَأْتِيَكُمْ بِسُلْطَانٍ إِلَّا بِإِذْنِ اللَّهِ

وَعَلَى اللَّهِ فَلْيَتَوَكَّلِ الْمُؤْمِنُونَ

(١١) وَمَا لَنَا أَلَّا نَتَوَكَّلَ عَلَى اللَّهِ

وَقَدْ هَدَانَا سُبُلَنَا وَلَنَصْبِرَنَّ عَلَىٰ

مَا آذَيْتُمُونَا وَعَلَى اللَّهِ فَلْيَتَوَكَّلِ

الْمُتَوَكِّلُونَ (١٢)

وَقَالَ الَّذِينَ كَفَرُوا لِرُسُلِهِمْ

لَنُخْرِجَنَّكُمْ مِنْ أَرْضِنَا أَوْ لَتَعُودُنَّ

فِي مِلَّتِنَا فَأَوْحَىٰ إِلَيْهِمْ رَبُّهُمْ

لَنُهْلِكَنَّ الظَّالِمِينَ (١٣)

وَلَنُسْكِنَنَّكُمُ الْأَرْضَ مِنْ بَعْدِهِمْ

ذَٰلِكَ لِمَنْ خَافَ مَقَامِي وَخَافَ

وَعِيدِ (١٤) وَاسْتَفْتَحُوا وَخَابَ كُلُّ

جَبَّارٍ عَنِيدٍ (١٥) مِنْ وَرَائِهِ جَهَنَّمُ

وَيُسْقَىٰ مِنْ مَاءٍ صَدِيدٍ (١٦)

يَتَجَرَّعُهُ وَلَا يَكَادُ يُسِيغُهُ وَيَأْتِيهِ

الْمَوْتُ مِن كُلِّ مَكَانٍ وَمَا هُوَ

بِمَيِّتٍ وَمِن وَرَائِهِ عَذَابٌ غَلِيظٌ

(١٧) مَثَلُ الَّذِينَ كَفَرُوا بِرَبِّهِمْ

أَعْمَالُهُمْ كَرَمَادٍ اشْتَدَّتْ بِهِ الرِّيحُ

فِي يَوْمٍ عَاصِفٍ لَا يَقْدِرُونَ مِمَّا

كَسَبُوا عَلَىٰ شَيْءٍ ذَٰلِكَ هُوَ

الضَّلَالُ الْبَعِيدُ (١٨)

أَلَمْ تَرَ أَنَّ اللَّهَ خَلَقَ السَّمَاوَاتِ

وَالْأَرْضَ بِالْحَقِّ إِنْ يَشَأْ يُذْهِبْكُمْ

وَيَأْتِ بِخَلْقٍ جَدِيدٍ (١٩) وَمَا ذَٰلِكَ

عَلَى اللَّهِ بِعَزِيزٍ (٢٠) وَبَرَزُوا لِلَّهِ

جَمِيعًا فَقَالَ الضُّعَفَاءُ لِلَّذِينَ

اسْتَكْبَرُوا إِنَّا كُنَّا لَكُمْ تَبَعًا فَهَلْ

أَنْتُمْ مُغْنُونَ عَنَّا مِنْ عَذَابِ اللَّهِ

مِنْ شَيْءٍ قَالُوا لَوْ هَدَانَا اللَّهُ

لَهَدَيْنَاكُمْ سَوَاءٌ عَلَيْنَا أَجَزِعْنَا

أَمْ صَبَرْنَا مَا لَنَا مِنْ مَحِيصٍ (٢١)

وَقَالَ الشَّيْطَانُ لَمَّا قُضِيَ الْأَمْرُ إِنَّ

اللَّهَ وَعَدَكُمْ وَعْدَ الْحَقِّ وَوَعَدْتُكُمْ

فَأَخْلَفْتُكُمْ وَمَا كَانَ لِيَ عَلَيْكُمْ

مِنْ سُلْطَانٍ إِلَّا أَنْ دَعَوْتُكُمْ

فَاسْتَجَبْتُمْ لِي فَلَا تَلُومُونِي وَلُومُوا

أَنْفُسَكُمْ مَا أَنَا بِمُصْرِخِكُمْ وَمَا

أَنْتُمْ بِمُصْرِخِيَّ إِنِّي كَفَرْتُ بِمَا

أَشْرَكْتُمُونِ مِنْ قَبْلُ

إِنَّ الظَّالِمِينَ لَهُمْ عَذَابٌ أَلِيمٌ (٢٢)

وَأُدْخِلَ الَّذِينَ آمَنُوا وَعَمِلُوا

الصَّالِحَاتِ جَنَّاتٍ تَجْرِي مِنْ

تَحْتِهَا الْأَنْهَارُ خَالِدِينَ فِيهَا بِإِذْنِ

رَبِّهِمْ تَحِيَّتُهُمْ فِيهَا سَلَامٌ (٢٣) أَلَمْ

تَرَ كَيْفَ ضَرَبَ اللَّهُ مَثَلًا كَلِمَةً

طَيِّبَةً كَشَجَرَةٍ طَيِّبَةٍ أَصْلُهَا ثَابِتٌ

وَفَرْعُهَا فِي السَّمَاءِ (٢٤)

تُؤْتِي أُكُلَهَا كُلَّ حِينٍ بِإِذْنِ رَبِّهَا

وَيَضْرِبُ اللَّهُ الْأَمْثَالَ لِلنَّاسِ لَعَلَّهُمْ

يَتَذَكَّرُونَ (٢٥) وَمَثَلُ كَلِمَةٍ خَبِيثَةٍ

كَشَجَرَةٍ خَبِيثَةٍ اجْتُثَّتْ مِنْ فَوْقِ

الْأَرْضِ مَا لَهَا مِنْ قَرَارٍ (٢٦) يُثَبِّتُ

اللَّهُ الَّذِينَ آمَنُوا بِالْقَوْلِ الثَّابِتِ فِي

الْحَيَاةِ الدُّنْيَا وَفِي الْآخِرَةِ وَيُضِلُّ

اللَّهُ الظَّالِمِينَ وَيَفْعَلُ اللَّهُ مَا يَشَاءُ

(٢٧)

أَلَمْ تَرَ إِلَى الَّذِينَ بَدَّلُوا نِعْمَتَ اللَّهِ

كُفْرًا وَأَحَلُّوا قَوْمَهُمْ دَارَ الْبَوَارِ

(٢٨) جَهَنَّمَ يَصْلَوْنَهَا وَبِئْسَ الْقَرَارُ

(٢٩) وَجَعَلُوا لِلَّهِ أَنْدَادًا لِيُضِلُّوا

عَنْ سَبِيلِهِ قُلْ تَمَتَّعُوا فَإِنَّ مَصِيرَكُمْ

إِلَى النَّارِ (٣٠) قُلْ لِعِبَادِيَ الَّذِينَ

آمَنُوا يُقِيمُوا الصَّلَاةَ وَيُنْفِقُوا مِمَّا

رَزَقْنَاهُمْ سِرًّا وَعَلَانِيَةً مِنْ قَبْلِ أَنْ

يَأْتِيَ يَوْمٌ لَا بَيْعٌ فِيهِ وَلَا خِلَالٌ (٣١)

اللَّهُ الَّذِي خَلَقَ السَّمَاوَاتِ

وَالْأَرْضَ وَأَنْزَلَ مِنَ السَّمَاءِ مَاءً

فَأَخْرَجَ بِهِ مِنَ الثَّمَرَاتِ رِزْقًا لَكُمْ

وَسَخَّرَ لَكُمُ الْفُلْكَ لِتَجْرِيَ فِي

الْبَحْرِ بِأَمْرِهِ وَسَخَّرَ لَكُمُ الْأَنْهَارَ

(٣٢) وَسَخَّرَ لَكُمُ الشَّمْسَ وَالْقَمَرَ

دَائِبَيْنِ وَسَخَّرَ لَكُمُ اللَّيْلَ وَالنَّهَارَ

(٣٣)

وَآتَاكُمْ مِنْ كُلِّ مَا سَأَلْتُمُوهُ وَإِنْ
تَعُدُّوا نِعْمَتَ اللَّهِ لَا تُحْصُوهَا إِنَّ
الْإِنْسَانَ لَظَلُومٌ كَفَّارٌ (٣٤) وَإِذْ
قَالَ إِبْرَاهِيمُ رَبِّ اجْعَلْ هَٰذَا الْبَلَدَ
آمِنًا وَاجْنُبْنِي وَبَنِيَّ أَنْ نَعْبُدَ
الْأَصْنَامَ (٣٥) رَبِّ إِنَّهُنَّ أَضْلَلْنَ
كَثِيرًا مِنَ النَّاسِ فَمَنْ تَبِعَنِي فَإِنَّهُ
مِنِّي وَمَنْ عَصَانِي فَإِنَّكَ غَفُورٌ
رَحِيمٌ (٣٦)

رَبَّنَا إِنِّي أَسْكَنْتُ مِنْ ذُرِّيَّتِي بِوَادٍ

غَيْرِ ذِي زَرْعٍ عِنْدَ بَيْتِكَ الْمُحَرَّمِ

رَبَّنَا لِيُقِيمُوا الصَّلَاةَ فَاجْعَلْ أَفْئِدَةً

مِنَ النَّاسِ تَهْوِي إِلَيْهِمْ وَارْزُقْهُمْ

مِنَ الثَّمَرَاتِ لَعَلَّهُمْ يَشْكُرُونَ

(٣٧) رَبَّنَا إِنَّكَ تَعْلَمُ مَا نُخْفِي وَمَا

نُعْلِنُ وَمَا يَخْفَىٰ عَلَى اللَّهِ مِنْ

شَيْءٍ فِي الْأَرْضِ وَلَا فِي السَّمَاءِ

(٣٨)

الْحَمْدُ لِلَّهِ الَّذِي وَهَبَ لِي عَلَى الْكِبَرِ إِسْمَاعِيلَ وَإِسْحَاقَ إِنَّ رَبِّي لَسَمِيعُ الدُّعَاءِ ﴿٣٩﴾ رَبِّ اجْعَلْنِي مُقِيمَ الصَّلَاةِ وَمِنْ ذُرِّيَّتِي رَبَّنَا وَتَقَبَّلْ دُعَاءِ ﴿٤٠﴾ رَبَّنَا اغْفِرْ لِي وَلِوَالِدَيَّ وَلِلْمُؤْمِنِينَ يَوْمَ يَقُومُ الْحِسَابُ ﴿٤١﴾ وَلَا تَحْسَبَنَّ اللَّهَ غَافِلًا عَمَّا يَعْمَلُ الظَّالِمُونَ إِنَّمَا يُؤَخِّرُهُمْ لِيَوْمٍ تَشْخَصُ فِيهِ الْأَبْصَارُ ﴿٤٢﴾

مُهْطِعِينَ مُقْنِعِي رُءُوسِهِمْ لَا يَرْتَدُّ

إِلَيْهِمْ طَرْفُهُمْ وَأَفْئِدَتُهُمْ هَوَاءٌ (٤٣)

وَأَنْذِرِ النَّاسَ يَوْمَ يَأْتِيهِمُ الْعَذَابُ

فَيَقُولُ الَّذِينَ ظَلَمُوا رَبَّنَا أَخِّرْنَا إِلَىٰ

أَجَلٍ قَرِيبٍ نُجِبْ دَعْوَتَكَ وَنَتَّبِعِ

الرُّسُلَ أَوَلَمْ تَكُونُوا أَقْسَمْتُمْ مِنْ

قَبْلُ مَا لَكُمْ مِنْ زَوَالٍ (٤٤)

وَسَكَنْتُمْ فِي مَسَاكِنِ الَّذِينَ ظَلَمُوا

أَنْفُسَهُمْ

وَتَبَيَّنَ لَكُمْ كَيْفَ فَعَلْنَا بِهِمْ

وَضَرَبْنَا لَكُمُ الْأَمْثَالَ (٤٥) وَقَدْ

مَكَرُوا مَكْرَهُمْ وَعِنْدَ اللَّهِ مَكْرُهُمْ

وَإِنْ كَانَ مَكْرُهُمْ لِتَزُولَ مِنْهُ

الْجِبَالُ (٤٦) فَلَا تَحْسَبَنَّ اللَّهَ

مُخْلِفَ وَعْدِهِ رُسُلَهُ إِنَّ اللَّهَ عَزِيزٌ

ذُو انْتِقَامٍ (٤٧) يَوْمَ تُبَدَّلُ الْأَرْضُ

غَيْرَ الْأَرْضِ وَالسَّمَاوَاتُ وَبَرَزُوا

لِلَّهِ الْوَاحِدِ الْقَهَّارِ (٤٨)

وَتَرَى الْمُجْرِمِينَ يَوْمَئِذٍ مُّقَرَّنِينَ
فِي الْأَصْفَادِ (٤٩) سَرَابِيلُهُم مِّن
قَطِرَانٍ وَتَغْشَىٰ وُجُوهَهُمُ النَّارُ (٥٠)
لِيَجْزِيَ اللَّهُ كُلَّ نَفْسٍ مَّا كَسَبَتْ
إِنَّ اللَّهَ سَرِيعُ الْحِسَابِ (٥١) هَٰذَا
بَلَاغٌ لِّلنَّاسِ وَلِيُنذَرُوا بِهِ وَلِيَعْلَمُوا
أَنَّمَا هُوَ إِلَٰهٌ وَاحِدٌ وَلِيَذَّكَّرَ أُولُو
الْأَلْبَابِ (٥٢)

www.ingramcontent.com/pod-product-compliance
Ingram Content Group UK Ltd.
Pitfield, Milton Keynes, MK11 3LW, UK
UKHW050210300125
R3797100001B/R37971PG454179UKX00001B/1

9 781998 690169